수학습관

김우일, 김샘교육 교육기획부 저

수학습관 수학 잘 하는 습관

1판 1쇄 발행 2014년 11월 1일
1판 4쇄 발행 2015년 11월 11일

지은이 | 김우일, 김샘교육 교육기획부

펴낸곳 | (주)김샘교육

펴낸이 | 김우일

등록번호 | 제2010-000018호(2010년 6월4일)

홈페이지 | ikimsam.com

주소 | 대구광역시 수성구 세진로 11

전화 | 1566-2849

팩스 | 053-293-2846

ISBN | 979-11-950487-1-7

이 도서의 국립중앙도서관 출판예정도서목록(CIP)은 서지정보유통지원시스템 홈페이지(http://seoji.nl.go.kr)와 국가자료공동목록시스템(http://www.nl.go.kr/kolisnet)에서 이용하실 수 있습니다.(CIP제어번호: CIP2014026777)

수학
잘∼하는
습관

도둑놈 심보

우리가 어떠한 것을 잘 하기 위해서는 그것을 좋아해야 합니다. 좋아하지 않으면 잘 하지 못하는 것이 일반적입니다.

그런데 수학에 있어서만큼은 이상한 현상이 벌어집니다.
국제 수학·과학성취도 평가(TIMSS)의 2011년 조사결과에 따르면,
우리나라 아이들의 수학실력은 조사 대상 국가 중 1위를 차지했지만(중2 대상 기준), 수학에 대한 자신감 및 선호도는 매우 낮은 것으로 밝혀졌습니다.
(자신감 38위, 선호도 41위)
결론은 이렇습니다.

"우리나라 아이들은 세계에서 수학을 제일 잘 하고 동시에, 제일 싫어한다."

어떻게 이런 현상이 가능한 것일까요?

실제로 우리 아이들은 '수포자'가 아닌 이상 수학을 제일 많이 공부합니다.
하지만 그것과 비례하여 수학에 대한 부정적인 말을 많이 듣기도 합니다.

"수학은 해도 안 되는 것이다."

“수학은 대학만 들어가면 쓸데없다.”
“넌 수학 머리는 아닌 것 같아.”

그러면서 수학은 제일 많이 시킵니다. 아이들은 헷갈려 합니다.
수학에 대한 온통 부정적인 의견에도 불구하고, 우리 부모들은 아이들이 수학을 잘하기를 원합니다. 우리나라 전체가 수학에 대한 애증(愛憎)을 갖고 있는 것 같습니다.

이 책에서는 왜 우리가 수학에 대하여 아픈 기억만 갖고 있는지를 낱낱이 파헤쳐 드립니다.
수학은 ‘어렵다’, ‘쓸데없다’, ‘해도 안 된다’라는 인식들이 과연 정당한 것인지도 밝혀드리겠습니다.
수학을 게임처럼, 퍼즐처럼, 밥 먹듯이 신나게 공부할 수 있는 비밀을 누설하겠습니다.

수학에게 잘못이 있다면 지나치게 정직하다는 것입니다.
수학은 다가간 만큼만 다가옵니다.
고민한 만큼만 보여줍니다.
사랑한 만큼만 미소 짓습니다.

다가가지도, 고민하지도, 사랑하지도 않으면서 수학 성적이 잘 나오기를 바라는 것은 도둑놈 심보입니다.

저자

수학의 전설

애니메이션 영화, 〈드래곤 길들이기How To Train Your Dragon〉에서
어른들은 드래곤이 사납고 무서우며 인간들이 물리쳐야 할
적이라고 아이들에게 가르친다.
주인공 '히컵'은 '투슬리스'라는 드래곤을 직접 만나면서
그것이 잘못된 전설임을 깨닫는다.
드래곤은 그렇게 위험한 존재가 아니라
인간들과 충분히 좋은 관계를 유지할 수 있음을
히컵은 증명해 보이려고 애쓴다.
물론 잘못된 전설을 깨뜨리는 것은 만만치 않은 싸움이다.
신념과 용기와 꾸준함이 필요하다.
이제 수학이라는 '드래곤'을 직접 만나야 한다.
주위에서 들려오는 그 모든 잘못된 전설에
당당히 맞설 때이다.
준비는 됐는가!

전설1 난 수포자가 될 운명이야

난 태어날 때부터 문과체질이거든…

'전설'이란 옛날부터 전해 내려오는 이야기입니다. 주로 구전(口傳)되죠. 입에서 입으로 전해진다는 말입니다. 이야기가 입에서 입으로 전해지면 어떤 일이 발생할까요? 당연히 과장되거나 왜곡됩니다. 추측이나 상상 같은 것들이 난무합니다. 뒷골목에서 어떤 남자와 손을 잡고 있더라는 순희에 대한 목격담은 입에서 입으로 전해지면서 이미 결혼과 이혼을 왔다 갔다 해 버리듯이.

수학과 관련해서도 '전설'이 존재합니다. '우리의 아빠도, 엄마도 수학을 못했다'는 전설이 가장 유래가 깊으며, 그들의 피를 이어받은 나도 '수학을 못한다'는 전설이 그 다음입니다.

거기서 예언이 나옵니다. '너는 아무리 노력해도 수학을 못할 것이다.', '너도 곧 수포자가 될 것이다.'라는. 그리고 그 예언은 이내 사실이 되어버리면서 수학에 대한 전설과 예언은 더욱 확고해집니다. 극히 일부의 생명체들을 제

외하고 이 땅의 모든, 거의 대부분의 지구인들이 수학을 싫어하는 이유가 이 때문이 아닐까 생각합니다.

하지만, 앞에서도 말한 바와 같이 '전설'은 '사실'이 아닙니다. 우리가 지금까지 믿고 있던 수학에 대한 그 모든 전설은 사실이 아닐 가능성이 많습니다. 우리는 사실이 아닌 전설을 철석같이 믿고 있는지도 모릅니다. 그 전설 중에서 몇 가지를 살펴보겠습니다.

1 나는 수학을 못하므로 문과 체질인가 봐~

2 문과 체질인 나는 수학을 아무리 공부해도 안 될 거야.

3 수학공부시간을 줄이고 대신 다른 공부를 더 해야 해.

4 수학시간이 너무 재미없어. 무슨 말인지 하나도 모르겠어. 역시 난 문과 체질이 확실해.

5 (수학성적을 보면서) 거봐 내 말이 맞지!

하지만 사실은 이렇습니다.

1 나는 수학을 못하므로 문과 체질인가 봐.

　→ 사실은 국어나 사회도 못함.

2 문과체질인 나는 수학을 아무리 공부해도 안 돼.

　→ '아무리 공부해도'라고 할 만큼 공부한 적이 없음.

3 수학 공부시간을 줄여야 해. 대신 다른 공부를 좀 더 해야 될 거야.

　→ 수학 공부시간이 줄어든 것은 맞지만, 다른 공부시간이 늘어나지는 않았음.

4 수학시간이 너무 재미없어. 무슨 말인지 하나도 모르겠어. 역시 난 문과

체질이 확실해.

→ 문과체질이라서 그런 것이 아니라, 수학수업을 이해할 만큼 수학을 공
부하지 않았음.

5 (수학시험 후 성적을 보면서) 거봐 내 말이 맞지!

→ 수학공부 안했으니 당연한 것임.

더군다나 이러한 전설을 우리들의 부모님이나 선생님으로부터 듣게 되면 거
의 사실에 가까운 믿음이 되어버립니다. 모든 것은 믿음대로 되거든요.
"네 아빠 닮아서 넌 수학이 약해."
"넌 전형적인 문과체질이다. 그러니 수학은 적당히 해라."

이런 것들을 〈성공하는 10대들의 7가지 습관The 7 Habits of highly effective
teens〉을 쓴 숀코비Sean Covey 아저씨는 '패러다임paradigm'이라고 부릅니
다. '패러다임'이란 사물을 보는 방식, 관점, 인식의 틀, 신념인데, 더 쉽게
비유하자면 '안경'과도 같습니다. 즉, 안경 렌즈의 종류와 모양, 상태에 따라
서 그것을 통해 보이는 바깥 사물들의 모습이 변형됩니다.
여기서 중요한 것은 '패러다임은 정확하지 않다'는 사실입니다. 자신이 사실
이라고 믿고 있는 그 패러다임이 실제로는 완전히 허무맹랑할 수 있다는 것
입니다. 심지어, 그 분야의 전문가라 할지라도 잘못된 패러다임을 갖고 있을
수 있습니다.(전문가의 말이라고 해서 무조건 믿어서는 안 됩니다!)

우리가 현재 직면하고 있는 패러다임이란 바로 '나는 수포자가 될 거야'라는
것이고, 이것은 강력한 믿음으로 발전하게 됩니다. 그리고 그 믿음은 곧 현

실이 됩니다. 그것은 또 다시 '수포자 패러다임'을 더욱 강력하게 만들게 됩니다.

부끄럽게도 나도 이전에 이런 잘못된 패러다임에 갇혀 있었던 적이 있었습니다. '나는 절대로 자동차 운전을 할 수 없을 거야'라는 패러다임이었죠. 속도가 나는 것을 극히 싫어했던 나는, 자동차 사고에 대한 두려움이 누구보다 컸습니다. 하지만 어쩔 수 없이 운전을 할 수 밖에 없는 날이 오고야 말았죠. 부모가 되면 다들 운전을 해야 하더라고요.
억지로 도로연수를 하고, 엉금엉금 초보운전을 시작했습니다. 그렇게 시작한 지 오랜 세월이 지났습니다. 지금은? 지금은 누구보다 '안전하게' 잘 하고 있습니다. 내가 운전을 못할 것이라는 것은 나의 잘못된 패러다임이었던 것입니다.

그런 잘못된 패러다임을 깨뜨리고, 하지 못할 것이라던 것을 보란 듯이 이루어 내는 것을 숀코비 아저씨는 '패러다임의 전환'이라고 부릅니다. 비록 사소하긴 하지만 난 자동차 운전에 있어서 '패러다임 전환'을 맛본 것입니다.
이런 패러다임을 우리는 생각보다 많이 가지고 있을 지도 모릅니다.

"난 축구를 못할 거야."
"난 여자애들에게서 인기가 없어."
"난 절대 유명한 사람은 되지 못할 거야."
"난 절대 SKY대는 가지 못할 거야."
"난 절대 날씬해 질 수 없을 거야."

이제 우리는 '수학'에 있어서도 이러한 '패러다임 전환'이 필요합니다!

그렇다면 '패러다임의 전환'은 어떻게 이루어지는 것일까요? 가만히 앉아 있으면 생각처럼 바뀌는 것일까요? 절대 그렇지 않습니다. 상황은 오히려 더 나빠질 수도 있습니다.

운전을 못할 것이라는 패러다임을 나는 어떻게 바꾸었을까요? 우리의 아빠들은 어떻게 해서 '운전의 달인'들이 되었을까요? TV프로그램, '생활의 달인'에 나오는 주인공들은 모두 어떻게 해서 그런 경지에 올랐을까요? 똑같은 시간을 보냈어도 달인인 사람과 달인이 되지 못한 사람의 차이는 무엇일까요? 그 원리는 이렇습니다. 매우 간단하지만 아주 강력한 원칙입니다.

1 매일한다

나는 운전을 매일 할 수 밖에 없었습니다. 매일 아이들을 태워주어야 하고, 출퇴근해야 하니까 어쩔 수 없었죠. 당연합니다. 매일하니까 습관이 되고, 습관이 되니까 쉬워지고, 쉬워지니까 재미있어집니다.

2 집중한다

운전할 때는 집중해야 합니다. 집중하지 않으면 사고 나니까요. 운전 중에 통화를 하거나, DMB를 시청해서는 안 됩니다. 앞 뒤 차의 흐름을 파악하고 있어야 하며, 보행자의 행동까지 파악하고 있어야 합니다.

3 주도한다

운전할 때는 모든 기기를 스스로 컨트롤해야 합니다. 누구한테 물어가면서 조작해서는 안 됩니다. 내가 결정하고 스스로 움직여야 합니다.

이 세 가지 요소를 실천하기를 몇 해, 나는 나도 모르는 사이 운전의 달인이
되어 있었던 것입니다.

즉, 앞에서 말한 세 가지를 충족하고, 일정 시간이 흐르면 모든 방면에서 모
두가 달인이 될 수 있음을 장담합니다. 물론 타고난 재능에 따라 시간의 차
이는 생길 수 있지만 말입니다.
그럼 결론은 이미 나온 것이나 마찬가지입니다. 수학에 있어서 '패러다임 전
환'을 맛보려면,

1 수학공부를 매일 한다.
2 수학공부를 할 때 집중해서 한다.
3 누가 시켜서가 아니라 스스로 주도해서 한다.

끝.

아, 그렇다고 책을 벌써 덮지는 마세요. 뒤에 더욱 재미있는 이야기가 남아
있으니까요.

 # 엄친아 족(族)의 전설

그들은 실제로 존재하는가?

'엄친아'라는 종족이 있습니다. 이들은 마치 외계인처럼 그 존재는 끊임없이 거론되고 있으나 실제로 목격되었거나 한 적은 별로 없던 것 같습니다.

이 '엄친아족'은 외계인처럼 신비로우며, 엄청난 능력을 가지고 있습니다. 일단 외모가 출중합니다. 롱long다리에 외모는 '이승기'나 '소녀시대의 윤아'입니다. 독서를 좋아하는 것은 기본이고, 첼로나 피아노, 바이올린 같은 악기 하나는 수준급으로 연주할 수 있습니다. 운동도 잘해서 무슨 대회 대표로 나가기도 한답니다. 결정적으로 공부를 그냥 잘하는 것이 아니라, 아주 잘 하는데, 그 중에서 수학에 천재적인 소질을 발휘한답니다. 심한 경우 수학문제 푸는 것이 취미라고들 하며, 머리 식히려고 수학문제 푼다는, 그 뭐 도저히 상상할 수조차 없는 존재들이죠. 그들에게도 진학이 가장 큰 고민이랍니다. 그런데 그 고민이라는 것이 한국에서 SKY를 다닐지 유학을 갈지에 대한 것이라는, 그야말로 재수가 0.000001조차 없는 종족!

그들은 우리의 일반적이고도 마음 착한 지구 청소년들을 말살하기 위해 어느 이름 모를 행성에서 침입한 외계인이 분명합니다. 그 존재의 유무조차 불분명한 엄친아족 때문에 우리 지구 청소년들은 온갖 고난과 핍박을 당하고 있는 것입니다.

"승기는 전 과목에서 한 개 틀렸다고 울었다던데, 넌 뭐냐? 어쩜 그렇게 태평스러울 수가 있니?"

이런 식으로 공격을 받습니다. 공부의욕이 말살되며, 심지어 삶의 의욕도 잃게 만드는 무시무시한 공격입니다. 그러니 마음씨 착한 우리의 지구 청소년들은 어떤 절망적인 운명론에 사로잡혀 버립니다. 수학이란 엄친아족들이나 즐기는 두뇌 유희쯤으로 생각하게 됩니다. 따라서 우리가 수학을 못하는 것은 당연하다고 생각하게 되는 것이죠.

문득 우리는 그 엄친아를 직접 만나보고 싶었습니다. 엄마에게 물어봅니다.

"엄마 친구 누구?"

라고 물으면 엄마는 꼭 이러십니다.

"있어! 내 친구!"

그 아줌마 이름이 '있어'입니다. '있어' 아줌마만 찾으면 엄친아족을 만날 수 있을 것입니다. 수소문 끝에, 그 '있어'아줌마들이 모인다는 곳을 찾게 되었습니다! 학교나 학원 근처에 있는 '카페베넷저고리!' 간혹, '우리 안의 천사!' 아니면 '별다방'.

가 보았습니다. 실제로 한 무리의 '있어'아줌마들로 의심되는 분들이 삼삼오오 모여서 외계어로 떠들고 있는 것을 포착할 수 있었습니다. 그들의 주된 언어는 '깔깔깔'어(語). 정말 시끄럽습니다. 아마 지구 청소년들의 접근을 막는 방어막 인 듯합니다. 그 방어막을 힘겹게 뚫는데 성공합니다. 그리곤 용기를 내어 물어봅니다. 그런데 돌아온 대답은…

"아, 내가 아니라, 내 친구 아들이야."

그래서 그 지목된 친구 분에게 물어보면 돌아오는 건 똑같은 대답뿐입니다.

"아, 내 친구 아들…"

이거 왜 이러는 것일까요? '있어 아줌마'들은 도대체 무엇을 숨기려고 하는 것일까요?

여기서 우리는 엄친아가 상상속의 동물이 아닌지 의심이 들기 시작합니다. '있어 아줌마'들의 희망적, 집단적 상상의 산물로 탄생한 전설 속의 동물 말입니다. 우리는 속고 있는 지도 모릅니다.

그렇다면 결론은 엄친아 종족이란 아예 존재하지 않을지도 모른다는 것. 따라서 애초에 수학을 잘 하도록 태어난 아이는 없다는 것. 우리의 착한 지구 청소년들도 충분히 수학을 잘 할 수 있다는 것. 머리가 아인슈타인의 머리가 아니더라도 고등학교 수학정도는 충분히 노력하면 잘 할 수 있다는 것입니다. 믿거나 말거나.

수학영재가 아니면 수학을 잘 할 수 없으리라는 편견

물론, 분명히 수학영재들이 존재하긴 합니다. 그것은 음악에 모차르트가, 농구에 마이클 조던이, 골프에 타이거우즈가, 피겨에 김연아가 있는 것처럼 말입니다.

하지만 "나는 수학영재가 아니기 때문에 수학을 못할 것"이라고 생각하는 것은 어리석습니다. "나는 모차르트만큼 음악영재가 아니므로 음악을 포기하겠어"라고 생각하는 것과 같습니다. 모차르트가 아니라도 충분히 멋진 음악을 만들거나 연주할 수 있고, 타이거 우즈가 아니라도 '홀인원' 할 수 있는데 말입니다.

위스콘신 대학에서 수학을 가르치고 있는 엘렌버그 박사는 이렇게 말합니다.(사실 이 분도 어렸을 때는 수학영재라는 소리를 들었다고 합니다.)

"수학을 가르칠 때 가장 고통스러운 일 중 하나는 내 학생들이 천재 예찬 문화에 상처받는 모습을 지켜보는 일이다. 이 문화는 학생들에게 수학을 잘 하지 못하면 수학을 할 필요가 없다고 말한다. 특출한 소수만이 진정으로 기여할 수 있기 때문이라는 것이다. 우리는 다른 과목을 이런 식으로 취급하지 않는다. 농구 선수들은 다른 선수들이 자기보다 뛰어나다는 이유만으로 농구를 그만 두지 않는다. 하지만 매년 유망한 젊은 수학자들이 자기 시야에 보이는 누군가가 '더 앞서 있다'는 이유만으로 수학을 그만둔다."

이처럼 우리는 유독 수학공부에 있어서만큼은 어떤 조급한 비교의식에 사로잡혀 있는 것 같습니다. 유치원 때 곱셈을 마스터하지 않으면, 초등학교 때 고등학교 선행을 하지 않으면, 수학경시대회에서 상을 타지 못하면, 학교 시험에서 100점을 맞지 못하면 수학을 공부할 자격이나 능력이 안 된다고 생각합니다. 그리고 너무도 쉽게 수학을 포기해버립니다. 그러한 생각이 우리 아이들이 수학을 제일 많이 공부하지만 수학을 제일 싫어하는 이유가 아닐까 생각합니다.

단언컨대, 아인슈타인의 재능이 없어도, 뼛속 깊이 문과체질이라고 자타가 공인하더라도 수학을 잘 할 수 있습니다. 단지 너무 일찍, 너무 쉽게 포기할 뿐입니다.

성장형 사고방식 vs 고정형 사고방식

"나는 이것도 틀려. 그러니 수학은 젬병인가 봐. 아무리 해도 안 될 것이 분명해."
이렇게 생각하는 것을 '고정형 사고방식'이라고 합니다. 반면,
"나는 지금 수학을 어려워하고 있지만, 노력하면 수학은 잘 할 수 있게 될 거야."
이렇게 생각하는 것을 '성장형 사고방식'이라고 합니다.

금세기 최고의 조직행동론 전문가인 칩 히스Cheap Heath가 쓴 〈스위치, Switch〉에서 그는 이렇게 설명합니다.

고정형 사고방식을 가진 사람은 자신의 능력이 고정돼 있다고 믿는다. 이들은 스스로를 훌륭한 강연자나 평균적인 팀장, 뛰어난 기획자라고 믿는다. 그러한 능력이 조금 더 향상되거나 나빠질 수는 있지만 자신의 능력 범위는 거기서 벗어날 수 없다고 생각한다. 그리고 자신의 행동방식이 그 능력을 대표한다고 믿는다. 잔을 가볍게 돌리고 향을 맡은 다음 마신 와인 한 모금이 와인 한 병 전체를 대표하는 것과 같은 맥락으로 말이다.(중략)
이와 반대로 성장형 사고방식을 가진 사람은 능력이란 근육과 같은 것이라고 생각한다. 연습과 훈련을 통해 강화할 수 있다고 믿는 것이다. 즉 적절한 노력을 기울이면 글을 더 잘 쓰고, 팀원들을 더 잘 관리하고, 배우자와의 관계를 향상시킬 수 있다고 믿는다. 이들은 실패 가능성에 아랑곳하지 않고 새로운 것을 시도한다. 일터에서도 도전적인 업무를 찾아서 한다. 또한 비판을 잘 받아들이는 경향이 있다. 비판을 받으면 더 발전할 수 있다고 믿기 때문이다. 이런 사람은 당장은 뛰어나지 못해도, 장기적인 관점에서 사고하면서 토끼와

거북이 경주에서 거북이가 승리한다는 시각을 견지하고 있다.

'성장형 사고방식!'
정말 멋진 생각이지 않나요? 이 사고방식은 공부할 때에도 엄청난 위력을
발휘한다고 합니다. 같은 책에서 저자는 이 성장형 사고방식을 아이들에게
설명해주었을 뿐인데(특별한 방법을 가르치거나 훈련을 한 것도 아닌데), 아
이들의 학업능력이나 태도, 성적이 월등히 좋아졌다고 합니다.

"두뇌는 근육과 같다!"

이 사실만 깨달아도 우리의 삶이 변화되는 경험을 할 수 있습니다. 같은 책
에서 한 구절 더 인용합니다.

어느 날 학생들에게 성장형 사고방식 교육을 시키고 있을 때였다. 갑자기 지
미(공부 의욕이라고는 눈곱만큼도 없는 골칫덩어리 학생이었다.)가 눈물을 글
썽이며 이렇게 말했다. "그러니까, 제가 언제까지고 멍청이로 살 필요가 없는
거네요?" 그날부터 지미는 공부를 시작했다. 밤늦게까지 숙제와 씨름하곤 했
다. 전에는 한 번도 그래본 적이 없는 아이였는데 말이다. 지미는 숙제를 미
리 제출했고 선생님한테 피드백을 받아 다시 숙제를 고쳤다. 이제 지미를 비
롯한 아이들은 열심히 노력한다는 것이 약점을 드러내는 일이 아니라 더 똑
똑해지는 길이라고 믿고 있다.

우리가 지금 수학을 못하는 것은, 수학에 대한 재능이 없어서가 아니라, 아
이큐가 모자라서 그런 것이 아니라, 수포자가 될 운명이라서 그런 것이 아니
라 수학 문제를 푸는 근육이 덜 발달된 것일 뿐입니다. 근육은 키울 수 있

고, 근육을 키우면 더 강해집니다. 그리고 근육을 키우려면 훈련과 연습 밖에는 없습니다.

쩬설3 수학공부를 제일 많이 하는 데도 안 돼.

우리가 하고 있는 것이 정말 '수학공부' 일까?

자, 여기서 아주 쉬운 수학 문제 하나 풀고 가실게요.

<문제> 학교에서 수학수업 한 시간 들었고, 학원에서 두 시간 동안 수학수업을 했고, 집에 와서 수학 과외를 두 시간 했다고 합시다. 그러면 지금까지 공부한 수학 시간은 전부 얼마일까요?

$1+2+2 = 5$

정답은 다섯 시간! 맞나요?

땡! 정답과 풀이는 60초 후에 공개합니다!

"어떻게 풀지는 알겠는데, 막상 풀려니 잘 안 된다."

수학을 못했던 우리들은 항상 이런 말을 달고 살았던 기억이 납니다. 이 말을 바꾸어 말하면 다음과 같습니다.

"수영을 어떻게 해야 하는지는 알겠는데, 막상 하려니 잘 안 된다."

이 말은 즉,

"이 피아노곡이 뭔지는 알겠는데, 치지는 못해."

이 말과도 똑같습니다. 문제는 어디에 있는 것일까요?

수학은 연주하는 것

수학공부는 피아노 연주와 무척 닮았습니다. 손가락을 사용해야 한다는 것까지 같습니다. 연주를 잘 하려면? 당연히 연습이 필요합니다. 피아니스트가 피아노를 '공부'한다는 의미는 피아노로 '연습'한다는 의미와 정확히 일치합니다. 아무리 거장의 악보를 외우고, 분석하고, 이해했다 할지라도 그것을 손가락을 사용하는 연주로 승화시키지 못하면 피아니스트가 아닙니다.

수학공부도 마찬가지입니다. 수학은 공부가 필요한 것이 아니라 연습이 필요한 과목입니다. 수학의 이론, 수학의 공식, 수학의 명제들을 다 이해했다고 하더라도, 그것을 활용하여 수학문제를 직접 풀어야 합니다. 식을 쓰고 계산을 해서 답을 내든 증명을 하든 해야 합니다. 한두 번 했다고 되는 것도 아닙니다. 여러 다양한 문제를 최대한 많이 풀어 보아야 합니다. 1, 2년 바짝 했다고 마스터 되는 것도 아닙니다. 매일 꾸준히 상당한 기간을 연습하고 또 연습해야 합니다. "내겐 정말 재능이 없다"고 말하기 위해서는 이 모든 과정을 거친 후에도 안 될 때일 것입니다.

아무리 훌륭한 피아니스트라도 같은 곡을 수백 번, 수천 번 연습합니다. 그런 후에도 항상 부족하다고 여기는 것이 정상입니다.

20세기 클래식 음악의 거장인 번스타인은 이런 유명한 말을 남겼습니다.

"하루를 연습하지 않으면 내가 알고, 이틀을 연습하지 않으면 아내가 알고, 나흘을 연습하지 않으면 관객이 안다."

그토록 연습은 중요합니다. 거장조차도 그런 말을 했을 정도면, 우리같이 평범한 지구인들은 오죽하겠습니까.

앞의 질문으로 다시 되돌아가봅시다. 답은 0입니다. 왜 0일까요? 안타깝지만 '수학수업'을 들은 것은 수학공부에 포함되질 않기 때문입니다. 수학수업이라는 것은 남이 푸는 수학문제 감상 시간에 불과합니다. 선생님이 푸는 수학문제 구경한 것으로는(설령 문제 푸는 것을 백퍼센트 이해했다 하더라도) 절대 공부를 한 것이 아닙니다. 수학수업을 들은 것은 피아노 연주회에 간 것에 불과합니다. 남의 피아노 연주회를 감상한 것이 피아노 연습을 한 것은 아니기 때문입니다.

그런데 우리의 착한 지구 청소년들은 착각을 합니다. 수학수업을 다섯 시간 들은 것을 수학공부 다섯 시간 한 것으로 오해하는 것입니다. 그러니 집에 와서는 뻗어버립니다.(뻗어버리는 척 합니다.) 그리고선 이렇게 엄살을 부립니다.(엄살이 아닐 수도 있지만.)

"엄마, 나 수학 다섯 시간 공부했어. 머리가 터질 것 같아."

안 터집니다. 수업 그 정도 들었다고 해서 머리는 절대 터지지 않습니다. 우리들의 머리는 생각보다 단단하니까요. 그 정도로 머리가 터진다면 수학선생님은 한 만 번은 터졌을 것입니다.

아무런 속임도 가식도 없어 보이는 우리의 착하고도 평범한 아이들의 할리우드 액션에 우리의 엄마들은 진짜 그런 줄 압니다. 심지어 맛있는 것도 만들어줍니다. 완전 사기 당하시는 겁니다.

안됐지만 그날 우리들은 수학공부를 한 적이 없습니다. 수학문제 푸는 것을 감상한 것에 불과합니다. 수학수업으로 수학실력이 늘어나는 것은 선생님뿐입니다. 완전 도사가 되십니다. 수학적 완전체가 되시는 거죠. 지가 푸니까요. 안됐지만 수학실력은 자기 머리로 끙끙거리며 푼 것만 남습니다. 그러한 시간과 열정만 수학실력으로 남게 됩니다.

수학실력은 샤프를 꼭 쥔 엄지손가락과 집게손가락에 남은 굳은 살 만큼만 자기의 것이 됩니다.

수학은 철저하도록, 냉혹하도록 정직한 과목이기 때문입니다.

그러므로 학교나 학원에서 한 수업만큼의 시간을 혼자서 공부해야 합니다. 평일에 시간이 안 되면 주말에라도 해야 합니다. 다른 과목도 마찬가지이겠지만 특히 수학에 있어서는 그것이 철칙입니다.

눈물을 흘리며 씨를 뿌리는 자는 기쁨으로 거두리로다. (시편 126:5)

 # 수학은 정말 재미없어

사실, 수학공부와 컴퓨터 게임은 똑·같·다!

아마도 이 세상에서 가장 재미있는 일과 가장 재미없는 일을 극단에 두라면
아마 그림과 같이 될 겁니다.

그런데 극단은 통한다고 하죠? 이 두 가지 일은 사실 비슷한 구석이 생각보
다 많습니다.

컴퓨터 게임과 수학공부의 공통점

컴퓨터 게임과 수학공부 사이에는 다음과 같은 공통점이 있습니다.

미션(문제)을 해결한다.

미션(문제)의 난이도가 다양하다.

미션(문제)의 적절한 난이도는 몰입을 유발한다.

미션(문제)을 해결했을 때 뇌에서는 도파민이 생성된다.

미션(문제)을 해결한다.

컴퓨터 게임이나 수학공부나 미션(문제)이 존재합니다. 그 미션은 어려워 보이지만 언제나 답이 존재합니다. 미션수행이 불가능한 컴퓨터 게임은 존재하지 않습니다. 똑같이, 답이 존재하지 않는 수학문제도 존재하지 않습니다.(고등학교 수학의 수준에서 그렇다는 겁니다.)

하지만 당장은 보이지 않죠? 저 거대한 몬스터를 처치하는 것은 완전 불가능한 것처럼 보입니다. 수학문제도 똑같은 느낌이죠? 저 외계어 같은 문제를 어떻게 풀라는 것인지. 우리 지구인들은 감히 근접할 수 없을 것만 같습니다. 하지만 방법은 어딘가에는 있고, 답은 언제나 존재합니다. 보기에 불가능할 뿐이며 해결의 실마리는 교묘하게 숨어 있을 뿐입니다.

미션(문제)의 난이도가 다양하다.

컴퓨터 게임은 게이머의 실력에 따라 여러 가지 난이도를 제공합니다.

초보자레벨 → 중급자레벨 → 상급자레벨 → 극악레벨 → 악마의 레벨 → 게임을 하라는 거야 말라는 거야 레벨 → …

이런 다양한 레벨을 제공함으로써 게이머들은 자신의 수준에 맞게 게임을 즐길 수 있습니다. 다른 것도 마찬가지입니다. 우리더러 당장 여객기를 조종하라면 못합니다. 우리더러 당장 맨몸으로 대한해협을 건너라면 못합니다. 우리더러 당장 류현진처럼 공을 던지라면 못합니다. 하지만 모형비행기는 조종할 수 있습니다. 수영장에서 한 50미터 정도는 갈 수 있습니다. 멋진 폼으로 캐치볼 정도는 할 수 있습니다. 그것은 우리의 실력과 신체적 조건이 충분히 감당할 수준이기 때문입니다. 다양한 난이도가 있다는 것은 일종의 축복입니다.

수학공부에 있어서도 마찬가지입니다. 기본, 응용, 심화, 경시 같은 다양한 레벨 중에서 자신의 수준과 실력에 맞게 고를 수 있습니다. 남들이 한다고 실력에 맞지도 않은 경시문제부터 푸는 것은 어리석은 일입니다. 교과서부터 차근차근 풀면 됩니다. 중요한 것은 자신에게 적절한 난이도를 선택하는 것이고 그것을 즐기면서 하는 것입니다.

미션(문제)을 해결했을 때 뇌에서는 도파민이 생성된다.

'도파민dopamine'이라는 신경전달물질이 있습니다. 이것은 인간의 신체적 움직임에 있어서 아주 중요한 작용을 합니다. 이 도파민이 부족하면 '파킨슨병'을 유발한다고 합니다.

또한 도파민은 인간으로 하여금 '행복'을 느끼게 만듭니다. 그래서 사람들은 이 도파민이 선사하는 행복감을 느끼기 위해 같은 행동을 반복하며, 이는 습관이나, 중독으로 발전하게 되는 것입니다.

적절한 난이도의 미션을 수행했을 때, 어려운 문제를 풀어냈을 때, 힘든 육체적 운동을 완수했을 때, 보기에 불가능할 것 같았던 몬스터를 해치웠을 때 뇌에서는 도파민이 생성됩니다. 도파민이 선사하는 행복감을 느낀 사람은 또 그 일을 하려고 합니다. 컴퓨터 게임이든 수학 문제든 다 똑같은 현상이 일어납니다.

미션(문제)의 적절한 난이도는 몰입을 유발한다.

난이도가 다양하다는 것은 또 다른 중요한 심리적 효과를 유발합니다. 바로 '몰입flow'입니다. 컴퓨터게임이 문제가 되는 것도 바로 이 부분입니다. 컴퓨터 게임의 매력적인 시각적 이미지와 적절한 난이도는 게이머로 하여금 엄청난 몰입을 유발하게 됩니다.

위키피디아에 따르면 '몰입'이란, '주위의 모든 잡념, 방해물들을 차단하고 원하는 어느 한 곳에 자신의 모든 정신을 집중하는 것'이랍니다. 따라서 몰입하는 사람에게 시간은 왜곡됩니다. 5분 정도 흐른 것 같은데 몇 시간씩 훌쩍 넘어갑니다. 중국 진(晉)나라 때 '왕질'이라는 나무꾼이 우연히 신선이 바둑

두는 것을 구경하다가 자신의 도끼자루가 썩는 줄도 몰랐던 것처럼 말입니다. 나는 학생 때 '둠DOOM'이라는 PC게임에 빠진 적이 있었는데, 몇날 며칠을 잠도 안자고 그 게임만 했던 기억이 납니다. 저녁에 조금만 해야지 하며 시작했는데 정신을 차리고 보면 다음 날 해가 떠오르곤 했었죠. 그 게임의 그래픽이나 스토리가 멋졌기 때문에 그런 것이 아니었습니다. DOS운영체제 기반이었기 때문에 그래픽은 완전 엉망이었죠. 대신, 적절히 어려웠기 때문이었습니다. 나는 아직까지 그 게임의 엔딩을 보지 못했습니다.

이처럼, 너무 쉬워서 시시하지도 않고, 너무 어려워서 절망스럽지도 않은, 벅차지만 조금만 더 하면 이룰 수 있을 것 같은 난이도는 이러한 몰입현상을 유발합니다.

몰입과 중독

어렵게 보이는 어떤 것을 이루었을 때 뇌에서는 앞에서 설명했던 '도파민'이 생성됩니다. 이 도파민은 지극한 행복감을 느끼게 합니다. 결국 몰입현상은 도파민을 얻으려는 작용의 결과라고 할 수 있습니다. 몰입현상을 경험하면 지극히 행복해 지는 이유가 여기 있습니다. 그런데 문제는 도파민은 내성(耐性)이 있다는 것입니다.

어떤 것에 익숙하게 되면 도파민은 생성되지 않습니다. 그러니 더 큰 자극을 원합니다. 난이도를 높여야 합니다. 난이도를 높이면 도파민이 생성되고 또 몰입을 경험하고 행복감을 느낍니다. 그 과정이 아래 구조와 같이 반복됩니다.

적절한 난이도 → 노력하여 달성 → 도파민 생성 → 몰입 → 도파민 생성 →
지극한 행복감 → 익숙해짐(도파민 생성이 약화) → 난이도 올림 → 노력하여
달성 → 도파민 생성 → 몰입 → 도파민 생성 → 지극한 행복감 → 익숙해짐
→ …

컴퓨터 게임을 위의 과정대로 반복하게 되면 프로게이머나 컴퓨터페인이 될
것입니다. 만약 독서를 위의 과정대로 반복하게 되면 박사나 책벌레가 되겠
죠. 간혹, 달리기를 위의 과정대로 반복하게 되면 유능한 마라토너가 되거나,
무릎이 완전히 망가질 것입니다.
이러한 중독현상이 나쁘다 나쁘지 않다라고 섣불리 말할 수는 없습니다. 이
과정이 건강한 결과로 이어질지 불행한 결과로 이어질 지는 다음 요소가 결
정짓기 때문입니다.

① 자신의 건강한 성장
② 타인과의 건강한 관계
③ 스스로 통제할 수 있는가

'둠'을 밤새도록 몰입하여 하고 난 다음 기분이 그렇게 좋지 못했던 이유를
앞의 요소에 대입해 보면, ①게임을 밤새도록 한 것이 나의 건강한 성장에
긍정적이지 못했고, ②부모님과의 관계가 나빠졌으며, ③스스로 게임을 그만
할 수 없었기 때문이었습니다.(해야 하는 공부나 숙제가 있었음에도 불구하
고 게임을 계속 할 수밖에 없었습니다.)

컴퓨터 게임과 수학공부의 차이점

그러면 컴퓨터 게임과 수학 공부의 차이점에 대해서도 알아봐야 하겠네요. 톰 채트필드라는 컴퓨터 전문가가 사람들이 컴퓨터게임에 열광하는 이유를 '게임이 두뇌에 보상하는 7가지 방법'으로 설명했습니다. 즉, 컴퓨터게임을 하면 게임 프로그램이 두뇌에 '보상'을 하기 때문에 그렇게 재미있다는 것인데요. 그 중 몇 가지를 살펴보겠습니다.

성장하고 있음을 경험치로 보여준다
Experience bars measuring progress

즉, 자신이 성장하고 있는 것이 눈으로 보인다는 것입니다. 게임을 진행할 때마다 레벨이 한 단계씩 상승하는 것을 직접적인 수치나 그래프, 혹은 아바타의 생김새, 사용할 수 있는 무기나 복장으로 보여줍니다. 분신과도 같은 자신의 아바타가 조금씩 성장하는 것만큼 재미있는 것도 없을 것입니다. 그것은 마치 아이를 키우는 것과 같이 가치 있는 것처럼 느껴지기 때문입니다.

장·단기적인 목표
Multiple long and short-term aims

모든 컴퓨터게임에는 목표가 있습니다. 물론 가장 큰 목표는 게임을 클리어하는 것이지만.(온라인 게임의 경우에는 궁극적인 목표가 없을 수도 있습니다. 그러니 PC게임이나 콘솔게임보다 중독의 위험성이 더 큽니다.) 그리고 그 큰 목표를 위해서 달성해야 할 여러 가지 작은 목표들이 끊임없이 주어집니다. 그 목표들은 시시하지도 않고, 그렇다고 너무 어려워서 절망할 정도도 아닙니다. 조금만 더 노력하면 될 것 같지만, 그렇게 호락호락하지 않은 수준이죠. 그러한 난도(難度)는 사람들로 하여금 '몰입'을 유발합니다. 톰 채트필드는 25%의 해결 가능성이 게임에 몰입하게 만든다고 말합니다.

노력에 대한 보상
Rewards for effort

게임을 하다보면 노력에 대한 보상이 끊임없이 주어집니다. 미션을 수행했을 때마다 게임머니나 점수, 아이템, 경험치를 보상으로 주는 식이죠. 게임을 형편없이 클리어 했을 때조차도 비록 약하긴 하지만 보상을 받습니다. 다른 말로 하면 '칭찬'입니다.

중요한 것은 실패했을 때입니다. 컴퓨터 게임에서 가장 큰 실패는 '게임오버 Game Over'입니다. 하지만 게임오버는 엄밀히는 게임오버가 아닙니다. '다시 하시겠습니까?(Retry?)'를 선택하면 수 백 번이고, 수 만 번이고 다시 할 수 있습니다. 심지어는 처음부터 다시 할 수도 있습니다.

즉, 실패에 대한 벌은 없는 것이나 마찬가지입니다. 그것이 게임이 재미있는 이유입니다. 달성에 대해서는 끊임없이, 즉각적으로 보상하고, 실패에 대해서는 벌을 주지 않는 방식이죠.

수시로 이루어지는 빠르고, 선명한 피드백

게임에서는 단계를 끝낼 때마다 우리의 활동에 대한 일종의 성적표를 명확히 제시합니다. 이 단계에서 몇 점을 획득했는지, 명중률은 어느 정도였는지, 킬kill 수가 얼마인지를 숫자로 선명히 보여줍니다.

이러한 요소들은 게이머들을 전략적이도록 만듭니다. 내가 약한 부분을 명확히 보여줌으로써 어떤 부분을 수정해야 하고, 어떤 부분을 더욱 강화해야 할지를 알려줍니다. 다음 단계로 나아가기 전에 더욱 효과적인 전략을 구상할 수 있도록 도와줍니다. 이것을 '메타인지'라고 합니다.(책의 마지막 부분에서 상세히 설명하겠습니다.)

이러한 요소들 때문에 게임은 게임을 하는 사람들을 재미있게 만듭니다. 게임을 하는 동안 사람의 뇌에서는 '도파민'이 분비됩니다. 도파민의 맛을 들인 뇌는 계속 도파민을 느끼게 하는 행동을 하려고 합니다.

반면, 이 세상에서 가장 재미없는 일을 꼽으라면 단연 수학일 것입니다. 재미없는 것을 넘어서 고통스럽기까지 합니다. 그래서 '수포자'가 생기는 것이겠죠.

수학이 재미없는 이유는 무엇일까요. 일단 표면적으로는 가장 재미있는 컴퓨터 게임과 반대되기 때문이 아닐까요.

1 아무리 수학공부를 열심히 해도 성장하는 것 같지 않다.

컴퓨터게임은 성장하는 것이 눈으로, 그래픽으로, 점수로 팍팍 보이지만 수학은 아무리 해도 실력이 느는 것 같지 않고 오히려 점수가 하락하기도 합니다.

2 수학공부의 장·단기적인 목표가 없다.

수학공부의 목표는 물론 있습니다. 문제는 그 목표의 대부분이 스스로 설정한 것이 아니라 다른 사람에 의해 설정되었다는 것입니다. 엄마나 선생님이 일방적으로 세운 목표(기말고사 100점, 하루 수학문제 50문제 풀기 등) 때문에 더욱 하고 싶지 않습니다. 그러니 수학을 공부해야 하는 이유와 의미를 가지지 못합니다. 흥미를 완전히 잃은 채, 목표 없이 자꾸 문제만 풀어야 한다고 생각하니 끔찍한 것입니다. 더군다나 수학문제들이 시각적으로 그리 매력적으로 보이지 않는다는 것도 문제입니다.

3 노력에 대한 직접적인 보상이 무척 약하다.

물론 보상이 없는 것은 아닙니다. 수학성적의 향상이나 반 1등, 전교 1등, 명문대 입학 등이 그것이겠죠. 하지만, 컴퓨터 게임에 비해 그 보상의 속도가 너무나 느리고 장기적입니다. 또한 보상의 형태가 우리가 원하는 것이 아닐 지도 모릅니다.

문제는 실패했을 때입니다. 컴퓨터는 실패에 대한 보복이 거의 없습니다. 하지만 수학공부의 실패에 대해서는 '엄청난 보복'이 뒤따릅니다. 특히 엄마의 무시무시한…

컴퓨터 게임과 수학 공부의 차이점

컴퓨터 게임	수학공부
시각적, 감각적 성장하고 있음이 보인다. 보상이 즉각적이며 확실하다. 실패했을 경우 보복이 없다.	논리적, 문자 중심 성장하고 있음이 잘 보이지 않는다. 보상이 불분명하고 장기적이다. 실패했을 경우 보복이 가혹하다.

수학이 재미없는 '진짜' 이유

하지만, 수학이 재미없는 진짜 이유는 따로 있습니다. 그것은 야구가 재미없는 것과 같습니다. 응? 야구가 재미없다고? 라고 반문할 사람들이 있겠지만, 사실 야구의 룰을 잘 모르거나, 야구를 한 번도 해본 적이 없는 사람들은 야구가 (정말) 재미없습니다. 무슨 룰이 그렇게 많은지, 왜 방망이를 든 사람은 가만히 서 있다가 들어가는지, 공을 분명히 쳤는데 왜 안 뛰는지, 공을 분명히 잡았는데 왜 주자는 뛰는지… 각각의 이유를 모른다면 야구장에서 졸수도 있습니다. 정말입니다.

하지만 야구의 룰과 그 흥미진진함을 안다면, 혹은 한번이라도 직접 야구를 해본 사람들이라면 야구를 보면서 손에 땀을 쥡니다. 너무 흥미진진하고, 너무 재미있습니다. 그 긴장감에 혈압이 올라갈 정도입니다. 차이는 무엇일까요. 바로 그 야구라는 스포츠에 익숙한가 익숙하지 않은가, 알고 있는가 모르고 있는가, 참여하고 있는가, 참여하고 있지 않은가 입니다.

스타크래프트StarCraft를 한 번도 해 본적이 없는 내 아내는 내가 왜 스타크래프트 중계를 그렇게 재미있게 보는지 이해를 못합니다. 똑같이 바둑을 한 번도 해본 적이 없는 나는 왜 TV로 바둑 중계를 하는지 이해할 수가 없습니다. 전부 같은 이유입니다.

알면 보인다!

知則爲眞愛　愛則爲眞看　看則畜之而非徒畜也

이 문장은 정조 때의 문장가인 유한준(兪漢雋, 1732 - 1811)의 글인데요, 그 의미는 이러하다고 합니다.

"알면 곧 참으로 사랑하게 되고, 사랑하면 참으로 보게 되고, 볼 줄 알게 되면 모으게 되니 그것은 한갓 모으는 것이 아니다."

즉, 무엇인가를 알게 되면 진정 보인다는 것입니다. 알지 못하기 때문에 볼 수 없는 것이죠. 내가 모르고, 익숙하지 않고, 참여를 하지 않은 것은 재미없습니다. 반면, 자신이 해본 거나, 익숙한 것에는 흥미를 느끼는 것이 바로 사람의 자연스러운 반응입니다.

그러므로 우리가 수학이 재미없는 진짜 이유는, 수학 자체가 따분하거나 어려운 것과는 전혀 상관없습니다. 오히려 수학을 대하는 우리들의 자세, 선입견, 편견 때문일지도 모릅니다. 좀 심하게 말하면 수학에 대해 무식하기 때문이라는 것입니다.(화내진 마세요.)

'서든어택Sudden Attack'이라는 온라인 게임이 있습니다. 소위 '1인칭 슈팅 게임'의 일종입니다. 게이머들이 무장군인이 되어, 상대방을 저격하는 게임입니다. 무기나, 군장이 현실감이 있어서 꽤나 몰입되고, 중독성이 있는 게임이죠. 이 게임을 재미없다고 할 이는 아마 아무도 없을 것입니다.

나도 우연히 서든어택을 한 번 해 보았습니다. 게임이 공짜입니다! 초고속 인터넷만 되면 됩니다. 간단히 회원가입한 후 아바타를 설정하고 멋진 무기를 골랐습니다. 그리고 서버에 접속했습니다. 배경이나 그래픽, 사운드가 정말 압권이었습니다.(정말 재미있겠다고 생각했습니다!)

서든어택 게임 캡처

사이버 전장을 조심스럽게 누비던 나는 드디어 적을 발견했습니다. 뒤로 살금살금 다가가서 적의 뒤통수에 대고 총을 수 십 발 쏘았습니다. 헉! 적은 죽지 않았습니다. 그런데 나의 총알세례를 받았던 그는 여유롭게 돌아서서 내게 딱 한 발을 쏘았을 뿐인데 나는 죽어버렸습니다.(그것을 전문 용어로 '헤드샷head shot'이라고 한답니다.) 그래서 내가 내린 결론, '서든어택'은 완전 재미없다! 그 길로 그 게임을 끊었습니다.

내가 그 게임을 재미없어 한 이유는 다음 그래프에 나타나 있습니다.

〈재미있어지는 단계 그래프〉

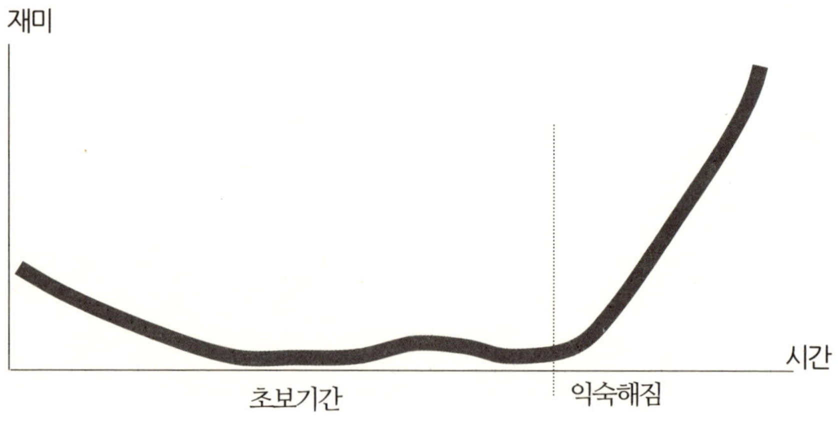

이 그래프를 보면 처음 당장 시작할 때의 흥미로움은 시간이 지날수록 급락합니다. 어설프고, 익숙하지 않고, 어렵고, 남들의 시선이 두렵습니다. 모든 일이 다 그렇습니다.

그 초보단계를 이겨내는가가 중요합니다. 재미없음이나 불편함, 낯섦, 남으로부터의 무시당함을 견뎌야 합니다. 시간과 인내, 노력 같은 것들이 필요한 시기입니다. 그러한 것들을 이겨내고 나면 '익숙함'의 단계로 접어들게 됩니다. 그때부터는 스스로 성장할 수 있습니다. 재미없던 것이 재미있어 지고 흥미로워질 것입니다.
내가 만약 '서든어택 초보자'의 수모를 견디고 계속 연습하고 훈련했다면(물론 클릭질 훈련이지만) 아마 나도 서든어택을 잘 할 수 있었을 것이고, 서든어택을 흥미로운 게임으로 인식했을 것입니다.

'수학'도 다르지 않습니다. 수학이 따분하고 어렵다고 여기는 이유는 아마 우리가 아직 그 초보단계를 극복하지 못한 상태에서, 결심과 포기를 반복하고 있기 때문인지도 모릅니다. 초보단계는 누구에게나 있습니다. 모두가 단번에 잘 할 수는 없습니다. 그런데 우리는 유독 수학은 금방 잘하기를 원합니다. 그러다가 약간만 어려워지면 너무나 빨리 '내겐 수학에 재능이 없다'고 생각합니다.

처음은 언제나 어색합니다. 내게 수학머리가 없어서가 아니라, 문과라서 그런 것이 아니라 원래 그렇습니다.

어떤 일에나 누구에게나 초보기간은 있다!

그 기간을 견디지 못하면 잘 할 수 없다!

나만이 갖고 있는 수학에 대한 전설을 적어볼까요?

나만의 수학에 대한 전설에 대한 반론을 적어봅시다.

CHAPTER 2

습관의 힘

삶의 질을 결정하는 것은

그가 가진 정신의 고귀함이나

그가 추구하는 삶의 가치관이나

그가 탐색하는 진리의 무게가 아니라

그의 순간순간을 결정하는 아주 작은 습관이다.

재미있는 것 VS 재미없는 것

아이들에게 있어서 어떤 것을 분류하는 기준은 단 하나입니다.
'재미있느냐? 재미없느냐?'
일단 재미없다고 판단되면 냉정하게 버립니다. 아이들은 재미있는 것만을 끊임없이 추구하기 때문입니다. 그런데 그 기준이 왔다 갔다 하기도 합니다. 처음에는 재미있어 하던 것을 어느 순간 "에잇 재미없어!"하면서 던져버립니다. 그리곤 또 재미있는 것을 찾아 끊임없이 헤맵니다. 아이들의 최대의 적은 '심심한 것'과 '재미없는 것'입니다.

그런데 따지고 보면 아이들만 그런 것이 아닙니다. 어른들도 똑같습니다. 단지 사회적 지위와 체면 때문에 그 호불호(好不好)를 명확히 드러내지 않을 뿐입니다. 그리고 나이가 들어감에 따라 '재미있는 것'의 리스트가 바뀝니다. 장난감이 고급 승용차로, 구슬치기가 골프로, 부루마블이 주식투자로.

우리는 여기서 재미를 추구하는 것이 나쁘다고 말하려는 것은 아닙니다. 무조건 재미없는 것이 좋은 것이라고 말하지도 않겠습니다. 왜냐하면 재미가 있거나 없거나 하는 것은 지극히 주관적인 문제이기 때문입니다. 또한 그것은 시간이나 환경, 기분의 영향을 받기도 하기 때문입니다.

중요한 것은 '재미있는 것'이라도 필요한 경우 중단할 수 있는가, 반대로, '재미없는 것'이라도 지속하여 실행할 수 있는가 하는 문제입니다. 그 말은 즉, 스스로를 통제할 수 있는 가입니다. 좀 더 멋진 말로 하면 내가 나의 시간과 내 삶, 내 몸과 마음의 주인인가 하는 문제입니다. 즉, 재미있는 TV를 보다가도 학원가야 하는 시간이 되면 스스로 TV를 끄고 집을 나설 수 있는가, 컴퓨터 게임을 하다가도 숙제를 하기 위해서 스스로 컴퓨터 전원을 끌 수 있는가, 냄새조차 맡기 싫은 약이라도 시간에 맞추어서 먹을 수 있는가 하는 문제입니다.

이는 소위 '만족지연능력'과도 일맥상통합니다. '만족지연능력'이란 미래의 더 큰 가치를 위해 당장의 욕구나 만족을 참아내는 능력을 말합니다. 만족지연능력에 대한 명저, 〈마시멜로 이야기Don't Eat the Marshmallow Yet〉의 주제이기도 합니다.(꼭 읽어보시길 권합니다!) 더 큰 만족을 위해 현재의 즐거움을 지연시키는 능력(성적향상이라는 만족을 얻기 위해 당장의 컴퓨터게임이라는 즐거움을 뒤로 미루는 능력, 건강하고 날씬한 신체를 위해 당장의 야식이라는 즐거움을 포기하는 절제력…)은 우리들의 삶 전체로 확장되는데, 연구 결과에 따르면 이런 만족지연능력이 클수록 성적도 좋았으며 더욱 풍요로운 삶을 산다고 합니다.

재미있는 일만 계속해 보자

몇 년 전의 뉴스기사입니다.

부부가 PC게임을 하느라 방치된 생후 4개월 된 딸이 질식사한 사건이 발생했다. 인천 남동경찰서는 14일 생후 4개월 된 딸을 집에 혼자 둬 보호 소홀로 숨지게 한 혐의(중과실치사)로 유모(29)씨와 유씨의 아내 신모(26)씨를 불구속 입건했다. 경찰은 유씨 부부가 지난달 24일 오후 4시께 인천시 남동구 간석동 유씨 집에서 생후 4개월 된 딸이 잠든 것을 확인하고 집을 비운 사이 딸이 스스로 몸을 뒤집으면서 입과 코가 바닥에 밀착돼 숨을 쉬지 못해 사망했다고 밝혔다. 경찰 조사결과 유씨 부부는 딸을 집에 혼자 두고 5시간 동안 인근 PC방에서 인터넷 게임을 했지만 고의성이 없는데다 부모로서 일종의 피해자인 점을 감안해 불구속 입건했다.

참으로 비극적이고도 안타깝고 어이없는 뉴스입니다. 이 기사는 우리가 재미있고 감각적인 것에만 몰두하게 될 때 벌어지게 될 아주 극단적인 사례이지만, 극단적이라고 하기에는 너무나 자주 일어나는 일이기도 합니다.

하루 종일 PC게임과 TV보기를 번갈아 해봅시다. 거의 환상이겠죠. 우리의 평범하고 착한 아이들의 꿈이 아닐까 합니다. 보통 방학이 되면 이런 생활을 시작하게 될 겁니다. 그런데 한 일주일은 견딜 만합니다. 우리의 뇌는 도파민으로 범벅이 되어있을 지도 모릅니다. 뇌는 계속 그 일을 반복하도록 부추깁니다.

하지만 몸은 그렇지가 못합니다. 머리가 깨질 것 같고, 눈이 아픕니다. 그런 생활이 길어질수록 우울한 감정이 더 심해집니다. 몸과 마음이 마치 물 묻은 휴지처럼 축 처져버립니다. 하고 싶은 것 실컷 하고 있어서 좋을 것 같지만 몸과 마음은 거의 폐인이 되어 가고 있을 것입니다.

그런데 더 큰 문제는 우리가 스스로 멈출 수 없다는 것입니다. 도파민으로 범벅이 되어버린 우리의 뇌는 우리의 몸과 마음, 생활이 엉망진창이 되는 것에는 상관하지 않기 때문입니다. 이미 우리들의 이성은 우리 몸에 대한 통제력을 상실해 버린 상태일 것입니다. 모든 중독은 그렇게 시작이 되어서 비극적으로 끝나게 됩니다.

앞의 기사에 나왔던 어린 부부도 아마 그랬을 것입니다. 그들은 PC방에서 지옥을 체험하고 있었지만 그 생활을 중단하고자 하는 정상적인 판단력이나 의지력이 이미 바닥난 상태였을 것입니다.

그 모든 것을 감안하고 양보하고 이해하더라도, 나는 확실히 말할 수 있습니다. 당장 재미있는 것, 쾌감을 주는 것, 맛있는 것, 짜릿한 것 사이에서 우리의 통제력을 상실하면 남는 것은 '비극적인 죽음' 뿐입니다.(여기서 '죽음'은 비유적인 표현이 아니라 말 그대로 '죽음'입니다! 무섭지만 사실입니다.)

재미는 없지만 유익한 일들

반대로, 재미는 없지만 유익한 일들에는 어떤 것이 있을까요. 물론 개인에 따라 다를 수는 있겠지만 아래와 같은 것들일 것입니다.

책읽기, 수학문제 풀기, 평소에 시험공부하기, 숙제 미리하기, 영어단어 외우기, 틈틈이 운동하기, 좋은 생각하기, 일찍 자고 일찍 일어나기…

그런데 어디서 많이 듣던 소리죠? 그렇습니다. 우리 엄마들의 잔소리 주제들입니다. 이것이 불행입니다. '재미는 없지만(간혹 재미있을지도 모르지만) 유익한 일들'이 대부분 엄마의 잔소리 형태로 우리들에게 전달되어 왔기 때문입니다. 엄마의 잔소리라면 무조건 귀를 닫아왔던 우리들은 그것이 정말 유익하다는 것을 인정하기 싫었던 것입니다. 하지만 지금 생각해보면 잔소리는 잔소리였고, 유익한 것은 유익한 것이라는 것을 깨닫습니다.

하지만 솔직히 우리의 엄마들이 어렸을 때도 그들의 엄마로부터 이런 잔소리를 들었을 것입니다. 우리의 엄마들은 그들 엄마의 잔소리를 듣고 실천했을까요? 아마 그렇지는 않았을 것 같네요. 그런데 왜 우리의 엄마들은 이런 잔소리를 그들의 엄마가 했던 것과 똑같이 우리들에게 하고 있는 것일까요? 마치 약속이나 한 듯이요.

그것이 유익했다는 것을 시간이 지나고 난 후에서야 뼈저리게 느끼고 있기 때문이 아닐까요. 우리도 마찬가지입니다. 천금 같은 시간이 지난 후에야 우리의 엄마들이 그런 잔소리를 한 이유를 깨닫습니다. 그러면 우리는 왜 이런 진리를 시간이 지나고 나서야 깨닫는 것일까요? 우리가 미래를 생각하지 못하는 것도 아닌데 말이죠.

그건 아마, '재미는 없지만 유익한 일들'의 특징 때문일 것입니다. 그 특징이란, 하루나 이틀 하지 않아도 아무 표시가 나지 않는다는 것입니다.

책 안 읽어도 '당장' 아무 일도 일어나지 않는다.
수학문제 풀지 않아도 '당장' 아무 일도 일어나지 않는다.
숙제 안 해도 '당장' 아무 일도 일어나지 않는다.
영어단어 외우지 않아도 '당장' 아무 일도 일어나지 않는다.
운동 하지 않아도 '당장' 아무 일도 일어나지 않는다.

정말 아무 일도 일어나지 않습니다. 며칠 안 해도 표시도 나지 않습니다. 그러니 하기도 싫고, 하지 않아도 괜찮은 것 같아 보입니다.

하지만 그 결과는 아무 일도 일어나지 않으리라는 잘못된 믿음으로 보내버린 '시간'이 대신 말해 줍니다. 그 시간이 쌓이고 쌓이면 어느새 우리 앞에 괴물이 되어 나타나게 됩니다. 그때는 이미 늦습니다. 후회해도 소용이 없습니다.

책 안 읽어도 '당장' 아무 일 일어나지 않지만
'어느 순간' 완전 무식하다는 소리를 듣게 될 것입니다.

수학문제 풀지 않아도 '당장' 아무 일도 일어나지 않지만
'어느 순간' 수학 시험에서 완전 망하고, 엄마로부터 처절한 응징을 당하게 될
것입니다.

숙제 안 해도 '당장' 아무 일도 일어나지 않지만
'어느 순간' 닥쳐버린 숙제 마감일과 엄청난 양의 숙제 때문에 삶의 의욕을
잃어버리게 될 것입니다.

영어단어 외우지 않아도 '당장' 아무 일도 일어나지 않지만
'어느 순간' 닥친 영어 단어시험에서 낙제할 것입니다.

운동하지 않아도 '당장' 아무 일도 일어나지 않지만
'어느 순간' 엉망이 되어버린 자신의 몸을 저주하고 있을 것입니다.

이렇듯 불행은 소리도 없이 우리에게 다가옵니다. 하지만 우리는 그것을 운
명이라고 부르면서 스스로를 합리화합니다.

"공부 못하는 것은 내 운명이야."
"뚱뚱한 것은 내 운명이야."
"게으른 것은 내 운명이야."
"수학 못하는 것은 내 운명이야."

맞습니다. 운명입니다. 그런데 그 운명은 우리 스스로가 아주 착실히 쌓았던 시간이 가져다 준, 사양하고 싶은 선물입니다. 재미없어서, 하지 않아도 별 탈 없는 것 같아서, 귀찮아서, 온갖 핑계로 흘려보낸 '시간의 복수'입니다. 그것이 운명이라면 받아들여야겠죠. 그런데 조금, 무섭지 않습니까?
나폴레옹이 이런 명언을 남겼습니다.

"우리가 어느 날엔가 마주칠 불행은 과거에 우리가 소홀히 보낸 어느 시간의 보복이다."

시간을 보내는 습관

숀코비는 '성공하는 10대들의 7가지 습관'이라는 책에서, 우리가 시간을 보내는 습관을 중요성(어떠한 일이 중요한가, 중요하지 않은가)과 긴급성(어떠한 일이 급한가, 급하지 않은가)에 따라 아래와 같이 나누어서 설명했습니다.

중요성 가장 중요한 일, 소중한 것, 맡은 바 임무와 목표에 도움이 되는 활동

긴급성 급한 일, 목전에 놓인 일, 즉각적인 행동을 요구하는 활동

시간을 보내는 습관의 4분면

<table>
<tr><td></td><td>*급한 일</td><td>*덜 급한 일</td></tr>
<tr><td>*
중요한일</td><td>① 미루는 사람
-내일이 시험
-지각이야!
-자동차가 고장 났어
-내일까지 수행평가 제출!</td><td>② 순서를 정해 일하는 사람
-계획 짜고 목표설정
-틈틈이 운동
-독서
-미리 숙제</td></tr>
<tr><td>*
덜중요한일</td><td>③ 오지라퍼!
-시도 때도 없이 전화통화
-쓸데없는 약속
-쓸데없는 참견
-모든 사람들에게 잘 보이기</td><td>④ 폐인
-시험이 내일인데 빈둥거리기
-하루 종일 TV
-밤새 전화, SNS
-밤새 컴퓨터 게임</td></tr>
</table>

이 중에서 가장 심각한 사람이라면 단연 ④번에 속하는 사람입니다.(앞에서 설명했던, 당장의 재미만을 추구하는 사람입니다.) 중요하지도 급하지도 않은 일에 온 시간과 정성을 쏟는 사람입니다. 하루 종일 TV를 보거나, 몇날 며칠을 PC방에서 살거나, 스마트폰 게임으로 귀중한 시간을 허비합니다. 이들은 오히려 책을 보거나 운동 하는 것을 낭비라고 생각합니다. 삶은 점점 피폐해지고, 주위 사람들과도 멀어집니다. 모든 상황이 악화되지만 스스로는 어떻게 할 수 없는 지경에까지 이릅니다.

③은 중요하지도 않은, 눈앞에 보이는 온갖 일에 다 참견하는 사람입니다.

산만하게 왔다 갔다 합니다. 친구와의 중요하지도 않은 전화통화에 모든 시간을 써 버립니다. 친구가 가자고 하는 곳은 모두 따라갑니다. 숙제나 시험 준비는 뒷전입니다. 좋은 친구는 되어 줄 수 있겠지만 자기 자신의 생활은 엉망이 되어 버립니다.

이 세상 대부분의 사람들은 ①번에 속합니다. 한 마디로 '삶에 치여 사는 사람'입니다. 내일이 시험이라서 바쁩니다. 또 지각입니다. 이 와중에 자동차가 퍼져버립니다. 내일까지 수행평가인데 하나도 해 둔 것이 없습니다. 몸에 이상신호가 옵니다. 늘 급하고, 늘 정신없고, 늘 늦고, 늘 불충분하고, 늘 부족합니다. 왜 그럴까요? 왜 인생이 이다지도 힘든 것일까요? 답은 ②번에 있습니다.

이 세상 극소수의 사람들은 ②번에 속합니다. 계획을 짜고, 목표를 설정하고, 누가 시킨 것은 아니지만 틈틈이 운동하고 책을 봅니다. 미리 숙제하고, 자동차 검사나 부품 교체도 제때 합니다. 사는 것이 참 재미없어 보입니다. 규칙, 원칙, 계획, 점검, 확인… . 그런데 결코 부정할 수 없는 사실은, 멋진 삶을 사는 사람들은 대부분 ②번에 속합니다. 다른 사람이 볼 때는 미련하게 보이고 꽉 막혔고, 융통성도 없어 보이지만 그들이 옳았음을 시간이 증명하고 있습니다.(단 하나의 예외도 없습니다!)

①번처럼? ②번처럼?

②번에 속한 사람들은 성장합니다. 스스로가 결정하고 행동하는 사람들이기 때문입니다. 반면 ①번에 속한 사람들은 자신이 결정해서 행동 하는 것 같지

만 사실은 그렇지 않습니다. **미루어진 시간과 남이 세운 규칙, 어쩔 수 없는 상황 때문에 행동합니다.** ②번에 속한 사람들은 환경을 지배하지만 ①번에 속하는 사람은 환경의 지배를 당합니다.

솔직히 나는 이 책을 30대 중반에 읽었는데, 그때서야 왜 내 삶이 이렇게도 여유가 없고 항상 패배하는 느낌이 드는지를 명확히 깨달았습니다. 내가 내 행동을 결정했던 것이 아니라, 상황과 환경이 나를 그렇게 몰아갔던 것이었죠. 늘 불만스러웠고, 늘 쫓기듯 살아왔던 이유가 거기 있었습니다.
만약 내가 이 책을 10대 일 때 읽었더라면 아마 나는 대통령이 되어 있을 것이 분명합니다.(농담이 아닙니다! 하하) 여러분이 10대라면 반드시 숀코비 아저씨가 쓴 이 책을 읽어보시기 바랍니다. 다만 열린 마음으로 읽어야 합니다. 잔소리라고 생각하지 말고.

좋은 습관과 나쁜 습관

깨진 유리창의 법칙

범죄심리학 이론 중에 '깨진 유리창 이론Broken Window Theory'이라는 것이 있습니다. 요약하면 이렇습니다. 건물 주인이 건물의 깨진 유리창을 그대로 방치해두면, 지나가는 행인들은 건물주가 그 건물의 관리를 포기한 것으로 판단하게 된다는 것입니다. 그리고 머지않아 나머지 유리창도 모조리 깨지며, 그 건물이 있는 지역 전체가 무법천지가 될 수 있다는 이론입니다. 즉, 사소하다고 생각될 수 있는 '깨진 유리창' 하나가 그 지역 전체를 우범지역으로 만들 수 있다는 것입니다.

우리의 삶에도 이러한 '깨진 유리창 이론'이 존재합니다. 우리가 사소하다고 생각하는 아주 작은 습관 하나가 우리의 인생을 송두리째 망가뜨릴 수 있습니다. 그 습관은 어떤 것이든 될 수 있습니다. 절제 없이 TV보는 습관이나, 미루는 습관, 불평하는 습관, 시간 개념 없이 컴퓨터게임하거나 스마트폰 들여다보는 습관 같은 것들입니다. 그런 습관은 마치 깨진 유리창처럼 우리의 정신과 삶 전체로 독가스처럼 퍼져나가게 될 지도 모릅니다.

우리는 흔히 이렇게 생각하며 대수롭지 않게 여깁니다.

"이 정도로 뭘…"

"이건 그렇게 심각한 잘못도 아닌 걸…"

"이것보다 더 심한 사람들도 많던데, 그들은 잘만 살아가던데…"

사소하고도 잘못된 습관은 이렇듯 우리의 생활에 슬며시 파고듭니다. 마치 따뜻한 텐트 안으로 고개만 들이민 낙타처럼 말입니다. 그런데 어느 순간 그 낙타는 우리를 밀어내고 텐트를 모두 차지할지도 모릅니다.

처음에는 작은 것 하나를

반대로 작은 것 하나를 바꿈으로써 삶 전체가 변화되기도 합니다. '습관'에 대한 최고의 명저, 찰스 두히그Charles Duhigg의 〈습관의 힘The Power of Habit〉이라는 책의 서문에 '리자'라는 여자의 사례가 나옵니다. 그녀는 담배를 물고 살았고, 뚱뚱했으며, 남편으로부터 이혼을 당했습니다. 그러니 설상가상 우울증에도 빠져버렸죠.

어느 날 그녀는 '더 이상 이렇게 살아서는 안 되겠다'는 생각이 들었다고 합니다. 그리고 작은 것 하나를 바꾸었습니다. 담배를 끊고 조깅을 시작한 것입니다.(인생을 송두리째 바꾸어야겠다고 생각한 것이 아니었습니다!)

'담배 끊고 조깅하기'

이것이 그녀에겐 소위 '핵심습관'이 되었습니다. 그 이후로 그녀의 식습관이 바뀌었고, 식습관이 바뀌자 날씬해졌고, 날씬해지자 긍정적이 되었습니다. 그러자 행복한 감정을 느끼게 되었고, 잠을 잘 잘 수 있게 되었으며, 일을 대하는 자세가 바뀌었으며, 통장에 돈이 쌓이고, 학교공부를 다시 시작하게 되고, 약혼까지 하게 되었다고 합니다. 마치 도미노처럼 작은 습관의 변화는 그녀의 커다란 삶 전체를 송두리째 바꾸어 버린 것입니다. 그녀를 연구했던 연구원들은 그녀의 작은 습관의 변화가 그녀의 뇌를 송두리째 바꾸어 버렸다고 놀라워했습니다.

작지만 똑같은 현상을 나도 경험한 적이 있습니다. 내가 학원 선생님을 시작하게 되었을 때였는데, 그때부터 자연스럽게 지독한 TV중독자가 되어버렸습니다. 학원선생님은 오전에 일을 할 필요가 없으니, 밤새도록 TV보다가, 새벽에 잠들기 일쑤였죠. 아침 졸음을 이기고 일어날 필요가 없으니 머리가 아플 때까지 잘 때가 많았습니다. 11시가 넘어서야 일어났고, 아침 겸 점심으로 대충 때우고 멍한 기분으로 일을 시작할 수밖에 없었습니다.

밤새 TV를 봐야 했으므로 야식을 찾기 시작했죠. TV가 재미없으면 비디오라도 봐야 했습니다. 제 시간에 그냥 자는 것이 왠지 섭섭한 느낌이 들었습니다. 1년 정도 그런 생활이 이어졌습니다. 어떻게 되었을까요?

당연히 정신은 병들었고 몸은 비대해졌습니다. 뭔가 잘못되어가고 있다는 것은 확실했습니다. 내 뇌는 밤새도록 TV보는 것이 진정한 행복이라는 '도파민'을 끊임없이 생성하고 있었지만, 내 몸은 그렇지가 못했죠. 허리에 이상이 오기 시작했고 우울한 감정이 내 몸을 지배하기 시작했습니다. 뭔가 변화를 주려고 했지만 쉽지가 않았습니다. 내 몸은 너무 오랜 기간 그 생활에 익숙해져 있었기 때문이었죠.

결국, 허리가 아파서 한 달 정도 병원에 입원해야 하는 지경에까지 이르렀습니다. 병실에서 나는 이대로는 안 되겠다는 생각이 들었습니다. 이렇게 살다가는 뭔가 사달이 날 것 같았죠. 바꾸어야겠다고 생각했습니다. 그래서 뭔가를 바꾸었습니다.

'늦잠대신 산책하기'

나에게는 이것이 일종의 '핵심습관'이었습니다. 그렇게 어렵지 않았습니다. 하루에 한 번 가벼운 복장에 조깅화를 신고 동네나 강변을 한 시간 정도 산책하는 것이 전부였습니다. 물론 귀찮거나 하기 싫을 때도 있었습니다. 하지만 허리 때문에 다시는 입원하기 싫었고, 비대해진 몸과 병든 마음으로는 더 이상 건강한 삶을 살 수 없을 것이라는 절박한 마음이 나를 압박했습니다. 꾸준히 걸었습니다. 시간 날 때마다 걸었습니다. 하루, 이틀 정도 빼먹어도 아무 일도 일어나지 않았지만, 그것은 내가 내린 결정에 위배되는 것이었으므로 나와의 약속을 지키려고 노력했습니다. 그렇게 몇 개월이 지나자, 몸이 서서히 활기를 되찾기 시작했습니다. 야식을 끊을 수 있었고, 밤에 일찍 자게 되었습니다. 몸도 정신도 건강해지기 시작했습니다. 긍정적이고도 행복한 마음이 가득 들어차기 시작했습니다. 걷는 것 자체에 대한 즐거움을 알아낸 것은 덤이었습니다. 지금도 여전히 걷고 있고, 걸을 때마다 참 행복하다는 감정을 느낍니다.

여기서 중요한 것은 어떤 출발점이 되는 '핵심습관'을 찾는 것입니다. 아무리 사소한 것이라도 괜찮습니다. 다만 그것을 하루도 빼먹지 않고 실천하겠다는 약속을 스스로 해야 하고, 그대로 실천해야 합니다.

앞서 말했던 〈습관의 힘〉이라는 책에서 '하나하나의 습관은 그 자체로는 상대적으로 큰 의미가 없지만, 매일 먹는 음식, 밤마다 아이들에게 하는 말, 저

축하는지 소비하는지, 얼마나 자주 운동하는지, 생각과 일과를 어떻게 정리하는지 등이 결국에는 건강과 생산성, 경제적 안정과 행복에 엄청난 영향을 미친다'고 말하고 있습니다.

이제 우리의 싸움은 명료해졌습니다. 거대한 괴물과 같은 우리의 삶 전체와 싸울 필요가 없습니다. 대신 거대한 삶을 이루고 있는 작은 습관들과 1대1로 싸우면 됩니다. 각개격파가 가능하다는 의미입니다. 그것은 정말 다행한 일입니다!
그러기 위해서는 우리의 24시간, 우리의 일주일을 채우고 있는 습관들을 분석하고, 어떠한 습관이 우리 삶에 치명적인 영향을 미치고 있는가를 알아야 합니다.

그 중에 우리가 갖고 있는 나쁜 습관이 무엇인지 알아봅시다. 그런 다음, 이 나쁜 습관이 지배하던 우리의 시간을 좋은 습관으로 채워야 합니다.

〈나의 습관분석표〉

나의 24시간을 지배하고 있는 것이 무엇인지 알아봅시다.

시간	일	월	화	수	목	금	토

나의 24시간을 지배하고 있는 것이 무엇인지 알아봅시다.

반드시 없애야 할 나쁜 습관들

64

반드시 가져야 할 좋은 습관들

반드시 없애야 할 나쁜 습관들

나쁜 습관들 없애기

우리가 갖고 있는 나쁜 습관들을 찾아내었습니까? 어떤 것들이 여러분의 삶을 좀 먹고 있었나요?

미루기, 할 일 없이 멍 때리기, 목적 없이 TV보기, 야식, 부정적인 생각하기, 욕하기, 시도 때도 없이 컴퓨터게임하기, 늑장 부리기 …

이제 이것들을 없애거나 좋은 습관으로 바꾸기만 하면 되는데, 문제는 여기서 발생합니다.

우리의 사악한 뇌는 이 '나쁜 습관'을 포기하지 않으려 하기 때문입니다. 이 나쁜 습관들은 뇌에 '도파민'이라는 쾌감을 지속적으로 제공해 주었을 것이기 때문입니다. 우리는 나쁜 습관이 해롭다는 것은 인지적으로는 알지만, 그것을 멈추게 되면 마치 세상이 결딴날 것 같은 느낌이 들게 됩니다. 바로 뇌의 속삭임 때문입니다.

"그것 없이는 삶의 의미가 없을 거야."

다 새빨간 거짓말입니다. 니코틴에 중독되어 있는 사람들은 식사 후, 담배가 반드시 있어야 한다고 생각합니다. 그것이 없다면 식사할 아무런 의미가 없다고 생각합니다. 우리 몸에는 식사가 당연히 중요한데, 뇌는 식사보다는 식사 후에 피는 담배가 더 중요하다고 생각합니다. 카페인에 중독이 되면 아침을 반드시 에스프레소espresso 한 잔으로 시작해야 한다고 생각합니다. 퇴근 후에는 반드시 '치맥'이 있어야 한다고 생각하기도 합니다. 그러한 것들이 충족되지 못하면 크나큰 상실감이나 허무함이 밀려오기도 할 것입니다.

딱지치기의 귀재가 있었습니다. 한 번 내리치면 제 아무리 두꺼운 딱지라도 뒤집어졌습니다. 그 아이는 동네 아이들의 모든 딱지를 휩쓸다시피 했습니다. 집에 돌아와 그 날 딴 딱지를 꺼내 보았습니다. 정말이지 엄청난 양입니다. 그 아이는 행복해졌습니다. 뿌듯한 기분으로 내일의 결전을 위해 딱지를 분류하고 정리하기 시작했습니다. 딱지를 견고하게 접기 위해 모두 풀어 헤쳤습니다. 그러다 문득 깨닫습니다. 자신의 방안에 가득 쌓여있는 것은 딱지가 아니라 그저 수북이 쌓여있는 종이 쓰레기에 불과함을 말입니다.

담배, 커피, 컴퓨터게임, 영화, TV, 음악 같은 것은 모두 '문화'의 산물입니다. 그것은 있으나 없으나 우리의 생존에 하등의 영향을 끼치지 않습니다. 하지만 뇌는 그것에 절대적인 가치를 부여하곤 합니다. 그것 때문에 평생을 바치기도 하며, 목숨을 걸기도 합니다. 그것을 통해 도파민을 맛 본 뇌는 끊임없이 '그것이 전부'라고 속삭입니다.(물론 뇌의 이러한 작용 때문에 문화가 발전하게 된 것은 사실입니다.)

하지만 조금만 객관적으로, 조금만 떨어져서 생각해보면 모두 무의미합니다. 마치 '딱지'처럼 말입니다. 물론 '문화'가 전혀 쓸데없다고 말하려는 것이 아닙니다. 단지, 우리가 거부할 때 단호히 거부할 수 있어야 한다는 말입니다. 자신이 향유하고 있는 문화적 행위가 자신의 육체적·정신적 건강, 사회적 관계와 생활을 망치고 있다면 단호히 중단할 수 있어야 한다는 의미입니다.

코끼리와 기수

재미있는 일을 습관으로 만들기는 너무 쉽습니다. 예를 들어,

TV보기, 게임하기, 만화보기, 판타지 소설읽기, 웹툰 보기 …

이런 일들은 굳이 습관으로 만들려고 노력하지 않아도 됩니다. 재미있기 때문에 계속하게 됩니다. 계속 하는 것은 저절로 습관이 됩니다. 나중에는 자신도 모르게 하게 됩니다. 다른 말로 '중독'이라고 합니다.

그런데 우리는 이런 재미있는 일이 아니라 '재미없는 것(혹은 재미없어 보이는 것)'을 습관으로 만들어야 합니다. 그러기 위해서는 어떤 계기가 필요합니다.

새벽 운동, 독서, 수영하기, 악기배우기, 열심히 공부 …

이런 일들을 습관으로 만든 데 있어서 가장 큰 어려움은 시작하기도 어렵고, 계속하기는 더더욱 어렵다는 것입니다. 계속하지 않으므로 습관으로 정착되기가 무척 어렵습니다. 겨우 습관으로 정착되었더라도 없어지기 일쑤입니다. 도대체 왜 그렇게 힘든 것일까요?

앞에서 '성장형 사고방식'에 대해 설명할 때 거론했던 칩 히스Chip Heath의 〈스위치Switch〉에서 그 문제를 '코끼리'와 '기수'로 설명하고 있습니다. 우리의 머릿속에는 사람의 행동을 결정하는 두 존재가 있는데, 그것을 코끼리와 기수에 비유한 것입니다.(원래 코끼리와 기수의 비유는 심리학자인 조나단 헤이트Jonathan Haidit의 〈행복가설The Happiness Hypothesis〉에서 처음 찾을 수 있습니다.)

아무리 싫은 일이라도 그것이 바람직한 방향(기수)이고 동기가 부여된다면(코끼리) 그 일을 시작할 수 있는 것입니다.

다이어트 결심
기수(방향) : 다이어트를 하는 것이 건강에 좋다.
코끼리(동기) : 짝사랑하는 여자에게서 배 나온 남자는 싫다는 말을 들었다.

열심히 공부
기수(방향) : 열심히 공부하는 것은 중요하다.
코끼리(동기) : 장기려 박사의 다큐멘터리를 보고 의사가 되고 싶다는 꿈이 생겼다.

수영배우기

기수(방향) : 건강을 위해서나 생존을 위해서 수영은 기본적으로 할 수 있어야 한다.

코끼리(동기) : 박태환의 멋진 수영솜씨와 탄탄한 복근에 감동을 받았다.

하지만 다이어트, 잘 되지 않습니다. 열심히 공부하겠다는 각오가 지속되기도 힘듭니다. 수영, 한 달 하고 관둡니다. 이유는 코끼리 때문에 그렇습니다.

기수는 이성적, 분석적인 반면 코끼리는 감성적이며, 본능적입니다.
기수는 장기적 이득을 원하는 반면 코끼리는 단기적 이득을 원합니다.
기수는 계획과 방향을 제시하는 반면 코끼리는 게으르고 변덕스럽습니다.

기수가 '다이어트 시작!'이라고 외치며 코끼리를 몰아가지만, 며칠가지 못해 코끼리는 거부하기 일쑤입니다. 기수는 '한 밤중에 라면을 먹는 것은 자폭행위'라고 말하지만, 코끼리는 우리의 손이 자동적으로 라면 봉지를 뜯도록 만들어 버립니다. 기수는 새벽에 일어나서 운동하자고 하지만, 코끼리는 이불 속에서 꿈쩍도 하지 않습니다.

물론 기수가 항상 긍정적이거나 코끼리가 항상 부정적인 것은 아닙니다.

기수는 시간을 낭비하는 성향이 있는 반면 코끼리는 열정을 제공합니다.

물에 빠진 아이를 구하기 위해 뛰어드는 것은 코끼리의 작용입니다. 기수는 '물에 빠진 사람을 구하는 것은 어렵고, 죽을 수도 있다'고 말하지만, 코끼리가 용감하게 행동하도록 만들기 때문입니다.

따라서, 아무리 훌륭한 생각과 멋진 계획이 있더라도 코끼리가 움직이려 하지 않으면 우리는 집니다. 코끼리는 흔히 이렇게 속삭입니다.

"귀찮아."

"힘들어."

"오늘만 빠지자."

"이것 먹는다고 살이 갑자기 찌진 않을 거야."

이렇게 속삭이면서 꿈쩍도 하지 않는 코끼리를 어떻게 계속 움직일 수 있게 할까요? 이것이 가장 큰 숙제일 것입니다.

내 코끼리는 너무 힘이 세···

재미없는 일 시작하는 법 : 코끼리를 기절시켜라!

자, 내일부터 새벽에 일찍 일어나서 운동을 하기로 했다고 합시다. 아마 알람시계를 맞출 것입니다. 어느새 다음날 새벽이 되었네요. 알람이 울립니다. 그때 우리들은 어떤 행동을 하게 될까요? 알람이 울리는 그 짧은 시간 동안 여러분은 아마 정말 많은 생각을 하게 될 것입니다.

'밖이 춥지 않을까?'
'꼭 오늘부터 운동을 할 필요가 있을까?'
'오늘은 좀 컨디션이 그런데, 내일부터 하자.'
'그래 맞아, 오늘은 무척 바쁠 것 같고, 피곤하겠지.'

우리같이 평범한 지구인들은 이때만큼은 초능력을 발휘할 수 있습니다. '오늘부터 운동을 하지 않아도 되는 이유'를 그 짧은 시간에 아마 5만 가지는 만들어낼 수 있을 것이기 때문입니다. 이러한 초능력은 완전 자동입니다. '새벽의 포근한 이불 속'이라는 아주 강력한 동기부여가 당신의 뇌를 창의적으로 자극하기 때문이겠죠.

그리고 다음 날 새벽이 되었습니다. 아마 똑같은 일이 반복될 것입니다. 그 다음 날도 마찬가지입니다. 아마 평생 새벽운동은 못하게 될지도 모릅니다. 이유는? 새벽에 일어나게 될 때 '생각'이 많기 때문입니다. 생각의 양은 아래의 그래프처럼 변합니다.

대부분의 평범한 사람들이 '재미없지만 계속하게 되면 유익한 일'을 시작조차 못하는 이유가 여기에 있습니다. 〈스위치Switch〉의 표현대로 하자면 코끼리가 꿈쩍도 하지 않기 때문입니다.

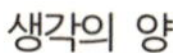

생각의 양

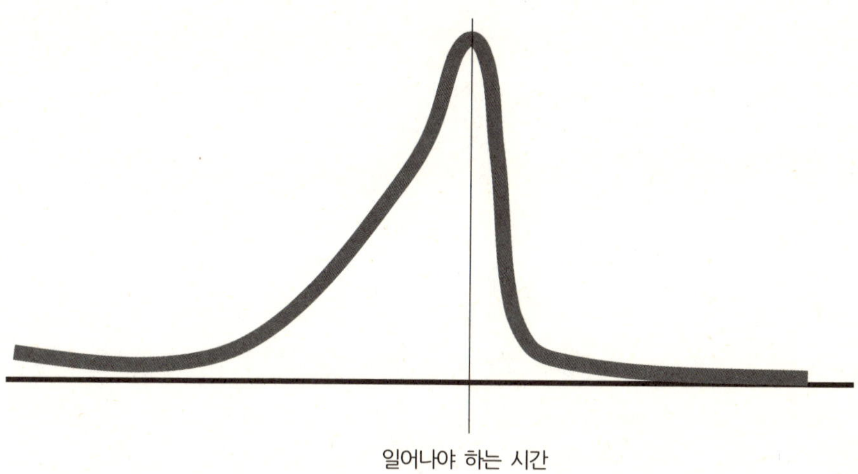

그런데, 일단, 어떻게든, 협박에 못 이겨서든 새벽운동을 나갔다고 칩시다. 쌀쌀한 새벽 공기가 엄습할 것입니다. 다시 이불 속으로 들어가고 싶은 마음이 간절합니다. 그 생각은 집요하게 우리를 따라다닙니다. 용케 떨쳐버립니다. 한 5분 동안 꿋꿋이 새벽 공기를 가르며 걷거나 뛰어봅니다. 10분 정도 흘렀습니다. 어떤 생각이 드나요?

어떤 충만한 기쁨이 마음에 가득 차 있는 것을 느끼게 될 것입니다. 새벽의 신비로움, 새벽에 일찍 일어났다는 성취감, 나태한 마음을 이겨냈다는 승리감, 오늘 하루도 잘 될 것이라는 긍정적인 마음으로 인해 기분은 날아갈 것입니다. 아마 뇌 속에는 '세로토닌'이라는 신경전달물질로 가득 차 있을 것입니다. 그때서야 드는 생각,

"나오길 잘했다."

만약, 이불 속으로 들어가고 싶은 생각에 져서, 이불 속으로 다시 들어갔다면 잠깐의 포근함은 만끽할 수는 있겠지만, 새벽운동으로 인한 행복한 기분은 놓쳐버렸을 것이 분명합니다.

코끼리를 기절시켜라!

그렇다면 계획했던 대로 새벽운동을 할 수 있는 비결은 무엇일까요? 바로 '생각'을 지워버려야 합니다. 장기적으로 볼 때 좋은 것이지만 정말 하기 싫은 일을 시작하기 위해서는 일단 아무 생각이 없어야 합니다. 알람이 울릴 때 그냥 '팍!' 일어나면 됩니다. 아무 생각 없이, 그 어떤 두뇌의 작용도 무시한 채 말입니다. 〈스위치〉의 코끼리를 기절시켜야 합니다. 처음에는 수단과 방법을 가리지 말아야 합니다.

즉, 아무리 이불 속이 포근해도, 꼭 오늘 운동 하지 않아도 아무 일이 없을 것이라는 코끼리의 달콤한 말이 귀에서 맴돌아도 그냥 팍 일어나는 것이 중요합니다. 눈이 오든 비가 오든 바람이 불든, 양말을 신고 체육복을 입고 운

동화를 신고 밖으로 나서는 것입니다. 그 시간 동안 절대 '생각 따위'를 해서
는 안 됩니다. 생각하는 순간 지게 될 것입니다. 우리의 약한 의지와 몸은
교활한 코끼리의 생각을 이길만한 힘이 없기 때문입니다.

반복하는 힘 - 습관

그런데 말이죠, 진짜 문제는 여기서 부터입니다. 재미없지만 해야 하는 일을 시작하는 것은 어떻게 보면 누구나 할 수 있습니다. 문제는 그 일을 얼마나 지속하는가 입니다. 〈스위치Switch〉의 표현대로 하자면, 어떻게 하면 '기수에게 부담을 주지 않고 코끼리를 바람직한 방향으로 계속 움직이게 하는가'하는 문제입니다.

새벽운동을 다시 생각해봅시다. 한 일주일 동안 새벽운동에 성공했습니다. 그런데 일주일이 넘어가니 또 생각이 막 생겨납니다. 코끼리가 다시 정신을 차린 것이죠. 또 이렇게 투덜댑니다.

"별로 효과도 없네."

"낮에 너무 피곤해."

"그냥 밤에 운동하는 것이 낫지 않을까?"

"일주일에 한 번만 하자."

코끼리는 이런 달콤한 말로 속삭입니다. 타협하라고. 다들 그렇다고. 어쩔 수 없다고… 거기서 굴복하면 그대로 지는 것입니다. 아무리 우리에게 유익한 일이라도 거기서 끝내면 끝나는 겁니다. 그리고 그것은 우리 삶에 아무런 변화도 일으키지 못합니다. 그리고 우리가 운명이라고 믿는 그대로 그냥 살아가게 될 것입니다.

여기서 우리는 덜컥 겁이 납니다. 괜찮은 삶을 살려면 이런 힘든 싸움을 계속 해야 하는 것은 아닌가 하고 말입니다. 계속 자신과 싸워서 이겨야 한다면 그냥 변화를 포기하고, 하고 싶은 대로 사는 것이 낫지 않는가 하고 말입니다. 하지만 그렇게 크게 걱정할 필요는 없습니다.
게리 켈러Gary Keller, 제이파파산Jay Papasan이 쓴 〈원씽, The One thing〉에서는 그것이 말짱 거짓말이라고 합니다. 그 책에서는 대신 이렇게 말합니다.

"대부분의 사람들이 생각하는 것과 달리 성공은 끊임없이 자신을 훈련시켜야 하는 마라톤 경기가 아니다. 성과를 올리기 위해 언제나 절제된 행동만 하고, 모든 면에서 자기 관리가 철저한 사람이 될 필요는 없다. 사실 성공은 단거리 경주다. 건전한 습관이 자리를 잡을 때까지만 자신을 훈련시켜 달리는 단거리 전력질주인 셈이다."

이 책에서 강조하는 것도 바로 '습관'의 중요성입니다. 같은 책에서 저자는 이렇게 말합니다.

"무슨 일을 해야 하는데 제대로 되지 않으면 우리는 '자기관리가 필요해'라고 이야기 하곤 한다. 사실 이때 우리에게 필요한 것은 그 일을 지속시키는 '습관'이다. 그리고 그런 습관을 만들기 위해 필요한 양만큼의 자기 규율이 있으면 된다."

즉, 우리가 재미는 없지만 유익한 일을 지속하게 하는 힘은 우리의 강인한 정신력이나 자기 절제력이 아니라 '습관'이라는 것입니다. 기수가 고삐를 완전히 놓고 있어도 코끼리가 알아서 성큼 성큼 움직이도록 하는 것이 바로 '습관'의 위력입니다.

어떻게 습관을 만드는가

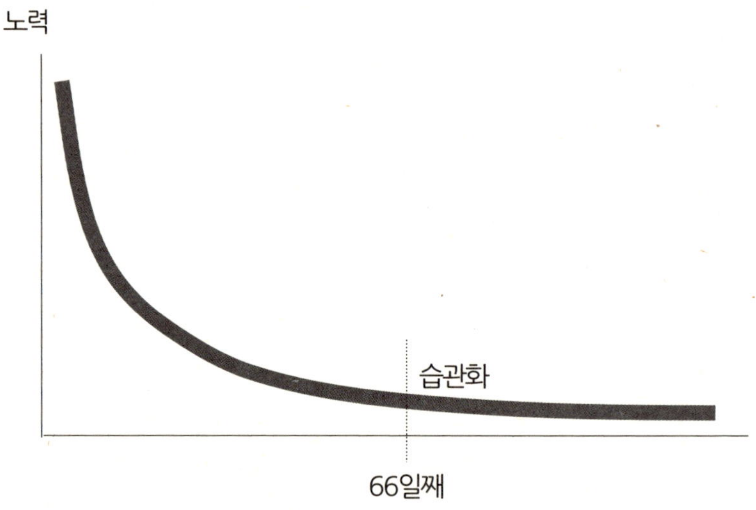

〈원씽The One thing〉에서는 위의 그림이 나옵니다. 즉, 새로운 일을 시작하는 데는 많은 노력이 들어가지만 일단 '습관'이 되면 최소한의 노력으로 똑같은 일을 할 수 있다는 의미입니다. 그 기준이 평균 66일이라고 합니다. 66일 동안 그 일을 계속하면 '습관'으로 정착된다고 합니다.

여기서 또 문제가 생기는군요. 어떻게 66일 동안 그 일을 지속하는가, 어떻게 66일 동안 코끼리를 계속 움직이게 하는가 하는 문제입니다.

〈스위치Switch〉에서는 '지도를 구체화' 하라고 합니다.

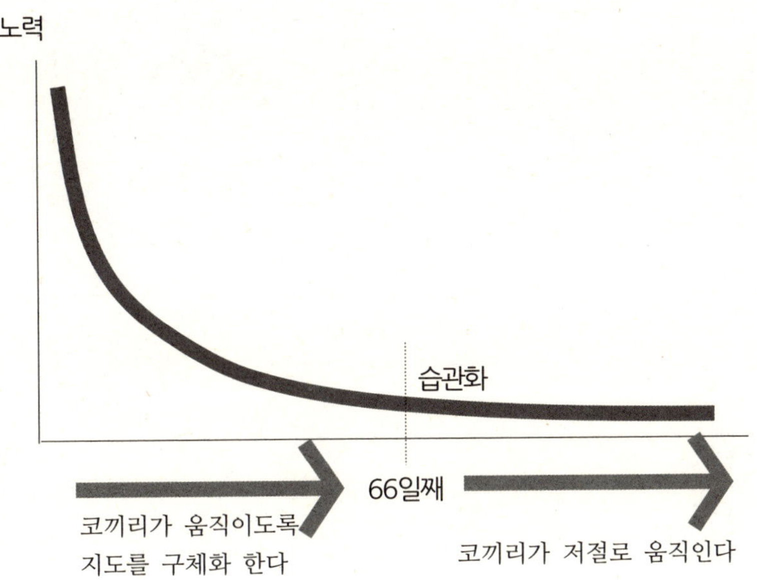

지도를 구체화하라

지도를 구체화한다는 것은 그 일이 지속되기 쉽도록(코끼리가 어쩔 수 없이 계속 움직이도록) 모든 상황과 조건을 조성하는 것을 말합니다. 지도를 구체화하는 방법으로는,

①환경을 구축한다!
②행동계기를 개발한다!
③체크리스트를 작성한다!

앞에서 예로 들었던 '새벽에 운동하기'를 다시 한 번 생각해 볼까요? 일주일 정도는 혼자서 실천할 수 있을지도 모릅니다. 하지만 그 일을 66일 동안 지속해야 합니다. '기수'의 의지력으로는 불안합니다. 이때 필요한 것이 '지도를 구체화'하는 것입니다.

① 환경을 구축한다!
밤에 잘 때 운동복을 미리 꺼내 두세요. 혹은 같이 운동할 만한 동지(식구, 친구, 애완동물)를 만들어 두는 것도 좋습니다.

② 행동계기를 개발한다!
'행동계기'란 특정한 상황에서 하게 되는 특정한 행동을 말합니다. 그 일을 지속할 수밖에 없도록 행동노선을 설정하는 것이죠. 새벽에 문을 여는 기분 좋은 카페에서 따뜻한 모닝커피(설탕이나 라떼가 들어가 있지 않은 것으로!) 한 잔 하고 돌아오도록 노선을 만들어보면 훨씬 더 잘 일어날 수 있겠죠?

③ 체크리스트를 작성한다!
다이어리 캘린더에 자신이 운동 나간 날을 체크하고 그날의 기분을 적어봅시다. 그것 또한 강력한 구체화 전략이 될 수 있습니다.

재미없는 일을 습관으로 만들기 총정리

1 재미없지만 습관으로 만들어야 하는 이유 정하기

예)날씬한 몸매

2 재미없지만 해야 하는 일 정하기

(핵심습관; 처음에는 쉬울수록 좋다)

예)매일 1시간 걷기

3 지도의 구체화

① 환경의 구축 ② 행동계기 개발 ③ 체크리스트 작성

4 평균 66일 동안 지속하기(습관화)

5 2번 재설정하고 3~4번 과정 반복하기

습관의 세팅

우리가 지금까지 우리 삶에 긍정적인 변화를 주지 못한 것은 어쩌면 바꾸려 하지 않았기 때문이 아니라, 한꺼번에 너무 많은 것을 바꾸려고 했기 때문인지도 모릅니다.

다이어트를 하기로 결심했다고 합시다. 계획을 세우겠죠. 식단 조정하고, 헬

스클럽 등록하고, 체중계를 사고, 아침이나 저녁마다 운동하기로 합니다. 그리고 일주일 만에 포기합니다. 한꺼번에 너무 많은 것을 하려고 하면 백전백패(百戰百敗)입니다.

혹은, 아주 강한 의지로 두 달 정도 지속합니다. 몸무게를 재어보니 한 10킬로그램 줄었습니다. 성공입니다! 성공에 너무 도취된 나머지, 원래 생활로 되돌아가버립니다. 그리곤 요요현상으로 원래 체중으로 회복되거나 더 찝니다. 여기서의 가장 큰 문제는 '다이어트'를 위한 어떠한 행위를 '마감시간'이 존재하는 과정으로 생각한다는 것입니다. 그 과정을 끝내면 날씬한 몸매가 영원히 유지될 것처럼 생각합니다. 하지만 절대 그렇지 않습니다.

날씬한 몸매를 유지하기 위한 습관은 죽을 때까지 그 습관을 유지해야 효과가 있습니다. 자신의 습관에 영향을 준다는 것은 바로 삶의 방식을 '영원히!' 바꾼다는 의미입니다. 그럴 자신이 없으면 섣불리 시작해서는 안 됩니다.

그러니 처음 시작하는 습관이 쉬워야 합니다. 영원토록 실천 가능한 것이어야 하기 때문입니다.

다이어트를 위한 습관 세팅

① 하루 60분 걷기

처음에는 이것만 하십시오. 먹는 것은 원래대로 먹습니다. 괜찮습니다. 다만, 하루 60분 걷기를 '언제까지 해야지'라는 생각 자체를 아예 지워야 합니다. 그냥 영원히 계속합니다. 물론 고통이 영원히 지속되어야 한다는 의미는 아닙니다. 왜냐하면 걷기라는 행동이 우리들에게 안겨다 줄 '행복감'은 아직 맛보지 못했을 것이기 때문입니다.

② 블랙커피만 마시기(믹스커피, 라떼 등 끊기)

하루 60분 걷기가 습관화되었다면 그 다음 습관을 세팅합니다. 역시 쉬워야 하고 영원히 지속할 수 있는 것이어야 합니다. 믹스커피나 라떼, 크림이 잔뜩 들어가 있는 유명 브랜드 커피를 끊어야 합니다. 굳이 커피가 마시고 싶다면 다른 첨가물이 전혀 들어가 있지 않은 에스프레소나 아메리카노만 마시기를 습관으로 만듭니다. 언제까지? 영원히요!

③ 식사량 줄이기

이제 식사량에 손을 살짝 대어봅니다. 하지만 이것도 영원히 지속할 수 있어야 합니다. '닭가슴살만 먹기'나 '채소만 먹기' 같은 것은 아예 시작하지 않는 것이 좋습니다. 영원히 그렇게 살 것이 아니라면요.(평생토록 그것만 먹어야 한다면 나는 콱 죽어 버릴 겁니다. 하하하, 농담입니다.) 대신 먹는 양을 조금씩 줄여나가도록 합니다. 언제까지? 영원히요!

그런데 위 세 가지 습관만 정착되어도 여러분들의 몸에는 건강한 변화가 생길 것이 분명합니다. 그 보다 더 고통스러운 다이어트 노력은 아예 필요 없을 지도 모릅니다.

습관의 습관

그런데 여기서 중요한 것은 하나의 '습관 형성'이 성공하기 시작하면 이것도 하나의 습관이 되어버린다는 사실입니다! 즉, 습관의 형성이 점점 더 쉬워진다는 것이죠.

좋은 습관 선정 → 꾸준히 실천 → 습관정착 성공 → 성공의 느낌 → 도파
민 생성 → 행복감 작렬 → 또 다른 좋은 습관을 찾아 실천 → … → 더 괜
찮은 사람으로 변화

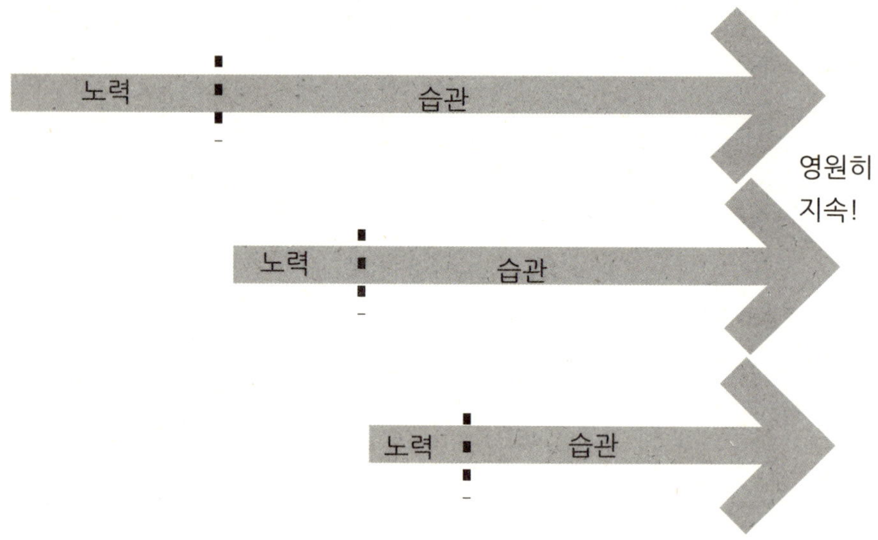

이 과정은 바로 '성공을 경험하는 과정'입니다. 이것이 무척 중요합니다. '나
도 결심하니까 되는구나'하는 경험이 중요하다는 것입니다. 처음부터 너무
많은 계획, 너무 어려운 계획을 세우고는 얼마 못가 포기하면서 '역시 난 안
돼'라고 생각하지 않도록 해야 한다는 것입니다.

"난 정말 괜찮은 사람이야."

이 믿음이 중요합니다. '좋은 습관들이기'를 습관으로 만드십시오.

꿈보다 습관

멋진 꿈을 가지고 있는 아이와, 멋진 습관을 가지고 있는 아이 중 누가 성공할 가능성이 클까요? 당연히 좋은 습관을 가진 아이입니다.
멋진 꿈을 가지고서도, 자신의 재능이 꿈과 연결되어 있는 아주 운 좋은 아이이면서도, 나태하거나 노력하지 않거나 빈둥거리면 그 꿈을 이룰 가능성은 희박해집니다. 아무리 김연아로 태어났어도 스케이팅 연습하는 습관이 없으면 김연아가 될 수 없습니다. 아무리 류현진으로 태어났어도 피나는 피칭 연습의 습관이 없으면 류현진이 될 수 없는 것과 마찬가지입니다.

반면, 당장은 특별한 꿈이 없더라도, 좋은 습관, 건강한 습관으로 몸과 정신을 단련한 아이에게는 무한한 가능성이 있습니다. 멋진 꿈이 좋은 습관을 만들기도 하지만, 좋은 습관이 멋진 꿈을 만드는 경우가 더 많기 때문입니다. 좋은 습관은 반드시(예외 없이) 훌륭한 꿈을 찾게 하고, 그 꿈을 이루게 만들어 줄 것입니다.
매일 책을 읽는 습관, 항상 질문하는 습관, 항상 남의 안부를 먼저 물어 주는 습관, 남을 도와주는 습관, 기부하는 습관, 책임감 있게 행동하는 습관, 운동하는 습관, 긍정적인 습관은 그것 자체가 하나의 좋은 삶이기 때문입니다.

내게 좋은 꿈이 없다고 슬퍼할 필요는 없습니다. 대신 내게 좋은 습관이 없음을 한탄해야 합니다.

CHAPTER 3

수학 잘 하는 습관

수학에 대한 잘못된 전설에서 벗어나자.

나는 수학을 못할 운명으로 태어난 것이 아니라

그저 공부를 안했을 뿐이다.

이제 우리가 해야 할 것은

수학을 둘러싼 모든 전설을 걷어내고,

수학을 공부하지 않아도 되는

모든 구차한 핑계들을 내버리고

그저 매일 매일, '습관적으로!'

수학공부를 하는 것뿐이다.

수학 성적의 차이는 머리의 차이가 아니라 습관이 차이다!

수학을 왜 잘해야 하지?

우리는 앞에서 우리가 속아온 '수학의 전설'에 대해 살펴보았습니다. 어떤 것은 뿌리가 굉장히 깊어서 거의 사실처럼 받아들여지는 것도 있습니다. 심지어 그런 잘못된 전설들이 교육정책에 반영 되어 있는 경우도 있을 정도입니다.(문과 이과를 나누어 교육시키는 정책 등) 하지만 그것들 대부분은 우리 스스로가 내린 한계일 뿐입니다.

우리 모두가 아인슈타인이나 송유근군 같이 될 수 없을지는 몰라도, 고등학교 수준 정도의 수학은 누구나 잘 할 수 있습니다. 더 나아가서 '엄친아족(族)'만이 가지고 있다는 '수학을 좋아하는 포스'를 소유할 수도 있을지 모릅니다. 수학을 즐기는 경지에까지 나아갈 수도 있습니다. 절대 허무맹랑한 소리가 아닙니다. 하지만 그렇게 되기 위해서는 필요한 것이 있습니다. 여기서는 그 비밀에 대해 알아보도록 하겠습니다.

그런데 우리는, 이 시점에서 아주 근본적인 질문에 답해야 합니다.

그것은 바로, "우리가 왜 수학을 잘 해야 하는가?"라는 질문입니다.

수학을 꼭 잘 할 필요가 있을까?
수학 못 해도 아무런 지장 없지 않은가?
덧셈, 뺄셈만 잘 하면 되는 것이 수학 아닌가?

그럴 수도 있습니다. 수학을 꼭 잘해야 대학 잘 가고 인생에 성공하는 것은
아닙니다. 소위 '수포자'라도 얼마든지 행복한 삶을 살 수 있습니다.

우리가 현재 누리고 있는 문명의 이기(利器)들, 과학 기술의 가장 근본이 되
는 학문이 바로 수학이라는 것을 굳이 말하고 싶지는 않습니다.
수학의 역사는 인류의 역사만큼 오래된 학문이라는 거창한 역사관을 말하려
는 것도 아닙니다.
고대의 철학자, 플라톤이 아카데미를 세우고, 입구에다 "기하학을 모르는 자
들어오지 말라"고 적어 두었다는 일화도 굳이 말하지는 않겠습니다.
좀 더 현실적으로, 상위권 대학을 가려면 수학을 잘 하는 것이 절대적으로
유리하다는 사실이나, 상위권 대학은 수학 점수에 가산점을 준다는 사실 또
한 굳이 말하고 싶지는 않습니다.

다만, 혹시, 행여나, 걱정이 되는 것은
수학을 포기함으로써,
원래 꿈을 포기하거나 수정해야 하는 건 아닌지,
수학을 포기하는 것이 하나의 습관이 되어서,
조금이라도 어려우면 쉽사리 포기하게 되지는 않을지,
수학을 포기한 것이 일종의 나비효과가 되어서

우리 인생에 커다란 폭풍을 몰고 오지는 않을지,
그것이 두렵고 걱정되는 것입니다.

우리 솔직해 집시다. 원래 꿈이 있었는데, 수학실력이 받쳐 주지 못해서 꿈
을 하향조정 해 놓고서는 그것이 원래 꿈이었던 것처럼 속이고 있지는 않습
니까? 이 질문에 자신 있게 아니라고 답할 수 있다면 이 책을 덮어도 좋습
니다.(그렇다고 덮지는 마세요.)

꿈을 조정할 것이 아니라, 수학 공부를 더 많이 해야겠다는 생각은 왜 안할
까요?
왜 유독, 수학은 포기해도 되는 것이, 우리가 맞서지 않아도 되는 것이 당연
하다고 생각되는 것일까요.

수학공부를 습관으로 만들어야 하는 이유

불안함의 근원

길을 가다가 사나운 개를 만납니다. 줄이 풀려 있습니다. 강도가 집에 침입 했습니다. 손에는 날카로운 칼이 들려 있습니다. 독사가 대가리를 빳빳하게 들고 노려보고 있습니다. 어떤 느낌이 드십니까. 바로 공포입니다. 그렇다면 공포를 극복하는 방법은 무엇일까요? 거기서 도망치거나, 공포의 대상을 제 거해 버리면 됩니다.

그런데 공포는 분명 아닌 것 같은데 굉장히 불편한 감정이 있습니다. 예를 들어 이런 것들입니다. 시험이 코앞인데 아무 준비도 못한 채 운동장에서 축 구하고 있을 때, 내일까지 숙제를 끝마쳐야 하는데 오락실에서 친구들과 놀 고 있을 때, 성적이 엉망으로 나온 성적표를 들고 집으로 갈 때… 그럴 때 면 아무 것도 먹고 싶지 않고, 웃어도 즐겁지 않고, 괜히 가슴만 두근거립니 다. 그때는 그런 감정이 정확히 무엇인지 몰랐는데, 지금 돌이켜 보면 바로 '불안함'이 아니었나 생각됩니다.

공포와 불안함은 다릅니다. 공포는 그 대상이 무엇인지 압니다. 그 대상이 무섭거나 혐오스러울 때 발생하는 심리현상이기 때문입니다. 반면, 불안은 그 대상이 무엇인지 알지 못한 채 마음이 조마조마하고 편하지 않은 것을 말합니다. 공포는 공포의 대상에서 회피하거나 맞서서 해결하면 되지만, 불안함은 그 대상을 명확히 알 수 없으므로 제거할 수도 없고, 도망칠수록 상황은 악화됩니다.

불안은 영혼을 잠식한다!

군대이야기를 잠깐 할게요. 걱정 마세요. 축구이야기는 하지 않을 테니까요. 군대생활이 힘들고 고달프지만 그래도 견딜 수 있었던 것은 그 생활이 익숙해지고, 습관이 되어버렸기 때문일지도 모릅니다. 어떻게 보면 '고통'이라는 것은 우리 인간들에게 작용하는 데는 한계가 있습니다. 쾌락과 마찬가지로 고통에도 내성이 있기 때문입니다.

훈련소 시절 화생방 훈련이라는 것이 있습니다. 방독면을 쓰고 어떤 건물에 들어갑니다. 거기에는 미리 최루탄을 피워 놓았기 때문에 허연 최루 가스가 방안을 가득 메우고 있습니다. 조교는 거기서 방독면을 벗게 하더니 군가를 부르게 하고, 앉았다 일어서를 시킵니다. 다들 난리도 아닙니다. 최루가스를 마셔서 온통 눈물 콧물로 뒤범벅입니다. 얼굴을 절대 만지지 말라는 주의사항을 깡그리 잊은 채 눈을 비비다가 눈이 타는 것 같다고 비명을 지르는 녀석들도 있습니다. 그런데 신기한 것은 말이죠. 그러한 극심한 고통도 2분 정도 지나자 익숙해지더라는 것입니다. 그리고 조금만 있으면 여기를 탈출할 수 있겠다는 희망으로 그 고통을 견딜 수 있었습니다.

그런데 말이죠. 만약, 거기가 군부대 훈련소가 아닌, 아우슈비츠 수용소라고 생각해 봅시다. 그 고통이 언제 끝날지 모른다고 가정해 봅시다.(심지어 최루 가스가 아니라 독가스일지도 모른다고 생각해봅시다!) 어떤 기분이 드십니까.

사람을 죽게 만드는 것은 고통이나 공포가 아니라 '불안함'입니다.

불안함의 크기

어른이 된 지금도 가끔씩 앞에서 설명했던 그런 불안한 심리 상태를 겪게 되는 경우가 있습니다. 그럴 때면 내가 왜 그런 감정상태 인지를 곰곰이 분석해 보곤 합니다. 그 심리상태의 원인 또는 근원이 어디인가를 찾아보려는 목적에서죠. 그리고 어렵지 않게 그런 기분이 느껴질 때의 공통점을 알게 되었는데요, 그럴 때는 항상 '처리되지 않은 일'이 있었을 때였습니다.
그런데 그 '처리되지 않은 일'에는 공통점이 있습니다. 일단 하기 싫고, 귀찮습니다. 그러니 미루게 됩니다. 미루면 미룰수록 그 불안함의 강도는 세집니다. 처음보다 그 불안함이 증폭됩니다. 불안함이 커지니 그 일이 무척 어렵게 느껴지게 되는 것입니다.

불안함의 크기

따라서 처음에는 그렇게 어렵지는 않은 일임에도 불구하고, 그 불안함은 몇 배의 고통으로 다가오게 되어버립니다. 공포는 도망치거나 회피함으로써 해결될 수 있지만, 불안함은 도망치면 칠수록 더 큰 괴물로 변해서 따라오게 마련입니다.

그렇다면 그 불안함을 해결하는 방법은 아예 없는 것일까요? 아뇨! 있습니다. 너무나 쉽습니다. 그냥 그 '처리되지 않은, 성가시고, 귀찮고, 어렵다고 생각되는 그 일'을 처리해 버리는 것입니다.

하루는 운전면허를 갱신하라는 우편물을 받았습니다. 어려운 일은 분명 아니었지만 성가시고 귀찮은 일이었죠. '나중에 처리하지'라고 생각하며 냉장고에 붙여 두었습니다. 그 순간 그 일은 '불안함'이라는 괴물로 변해 버리더군요. 냉장고에 붙어있는 그 안내장을 볼 때마다 스트레스가 쌓이기 시작했습니다.
'아 저거 해야 되는데, 언제 하지?'
'아 맞다. 또 잊었네. 언제 하지?'
'귀찮아 죽겠는데, 언제 하지?
결국에는 마감시한을 넘기고야 말았습니다. 운명이 되어버린 습관 때문이었죠. 어쩔 수 없이 해당기관에 전화를 걸어서 어떻게 해야 하는지를 물었습니다. 우선 사진이 없으므로 사진을 찍어야 하고, 보건소로 가서 검진을 받고 그 서류를 경찰서에 제출해야 한다는 것입니다. 뭐 이리 해야 할 일이 많은지.

투덜거리면서 먼저 집 근처에 있는 디지털 사진관으로 향했습니다. 요즘에는 15분도 안돼서 증명사진을 찾을 수가 있더군요. 그 다음 보건소로 향했습니다. 마치 은행 창구처럼 되어 있었고 직원들은 친절했습니다. 그런데 신기한 것은, 필요한 서류를 받아들고 보건소를 나서면서 기분이 점점 좋아지기 시작했다는 사실이었습니다. 그리고 바로 근처에 있는 경찰서 민원실로 가서 서류를 접수시켰습니다. 과태료를 낼 줄 알았는데 원래 금액으로 제출할 수 있었습니다. 일 처리가 끝나자 만족감은 하늘을 찌르고 있었습니다. 왜 그런 줄 아십니까? 바로 불안함에서 해방되었기 때문입니다.

수학은 공포의 대상이 아니라 불안함의 대상이다

우리는 수학을 본격적으로 공부하기도 전에 주위 사람들로부터 수학에 대한 부정적인 의견을 무수히 들으며 자랐습니다.

"수학은 무척 어렵대."

"수학은 아무리 공부해도 안 돼. 수학 머리는 따로 있는 거야."

"수학, 뭐 하려 하니? 학교 졸업 하면 쓸모도 없는 걸."

"수포자가 되는 것은 어쩔 수가 없어. 다들 그렇잖아."

그러니, 수학과 직접 만나기도 전에 수학에 대한 첫인상이 무척 나빠져 있습니다. 수학에 대한 불안함이 싹트기 시작하는 것입니다.

그리고는 여차하면 절교할 마음을 가지고 수학을 대합니다. 마치 헤어지는 것을 전제로 하고 사람을 사귀는 것과 똑같습니다. 그러니 그 관계가 건강할 리가 없겠죠. 조금이라도 관계가 힘들어지고 어려워지면 바로 헤어질 테니까요. 그렇게 수학과의 잘못된 만남 이후로 초·중·고등학교 시절 내도록 수학과

불편한 관계가 지속됩니다. 그러다 수학이 조금이라도 어려워지면 그 고비를 극복할 생각보다는 '손쉽게' 수포자가 되어버리는 것입니다. 주위에 수포자가 많으므로 그 비겁함에 대해 일말의 부끄러움도 가지지 않습니다.

수학은 공포의 대상이 아니라 불안함의 대상입니다. 수학 자체가 혐오스러워서 우리에게 공포심을 유발하지는 않습니다. 문제는 우리에게 있죠. 수학에 대한 그 모든 잘못된 전설 때문에 우리는 수학을 피하려고 했던 것입니다. 피하면 피할수록 수학에 대한 불안함은 점점 더 커져가기만 할 것입니다. 그 불안함의 절정은 '수포자'입니다. 수학을 포기하면 답이 될까요? 그렇지 않습니다. 수학은 평생토록 우리를 따라다니면서 정체모를 불안함으로 작용하게 될 것이 분명합니다.

두 가지의 길

이제 우리 앞에 두 가지의 길이 있습니다.

첫 번째 길은 힘들고 어려워 보이지만 그것을 일상으로 만들어 버리는 방법이고, 두 번째 길은 거기서 도망치는 방법입니다.

첫 번째 길은 힘든 고비를 끊임없이 넘어야 합니다. 노력해야 합니다. 싸워야 하고, 이겨내야 합니다. 매일 연습해야 하고 고민해야 합니다.

두 번째 길은 단순합니다. 고민할 필요도 연습할 필요도 없습니다. 그저 그것이 없는 곳으로 달아나기만 하면 됩니다.

첫 번째 길은 힘이 들긴 하지만 성취감, 만족감, 행복을 느낄 수 있습니다. 지속적으로 성장하는 길이기 때문입니다.

두 번째 길은 무척 쉽습니다. 등을 보인 채 도망치기만 하면 되기 때문입니다. 다만 불안함이라는 괴물이 항상 따라올 것입니다. 그 괴물은 시간이 지남에 따라 점점 더 커질 것입니다.

자, 이제, 어떤 길을 선택할까요? 여러분의 몫입니다.

수학에 맞서라

롤러코스터를 가장 무섭게 타는 방법을 아시나요? 안전바를 꽉 부여잡은 채 고개를 숙이고 눈을 꼭 감고 타는 것입니다. 그러면 재미보다는 공포가 밀려옵니다. 타는 동안 온 몸에 힘을 잔뜩 주었기 때문에 롤러코스터에서 내릴 때는 아마 삭신이 쑤실 것입니다.

반면, 재미있고 신나게 타는 방법은 무엇일까요? 롤러코스터의 속도에 몸을 맡기는 것입니다. 롤러코스터와 함께 움직이도록 몸에서 힘을 빼버리면 됩니다. 손을 만세를 부를 때 하는 자세로 해서 타면 더 좋습니다.

'피할 수 없다면 즐겨라'

진부하기 짝이 없는 교훈이지만 여기에 딱 맞는 말입니다. 수학에 용감히 맞서야 합니다. 그것이 수학으로부터 유발되는 불안함을 제거할 수 있는 유일하고도 가장 쉬운 길입니다.

수학공부를 '습관'으로!

지금까지 나의 글에 동의했다면,(제발 동의했다고 말해 줘요!) 이제 수학공부를 습관으로 만드는 일만 남았군요. 자, 어떻게 하면 수학공부를 습관으로 만들 수 있을까요?

책상을 열심히 치우고 모든 만반의 준비를 다했을 테죠? '열공'이라 적힌 머리띠를 질끈 동여매고 심호흡을 충분히 했나요? 수학을 공부해야 하는 이유가 가득 적힌 종이를 벽에 붙여놓고 결심을 다졌나요? 문제집을 한 가득 사서 책장에 가지런히 꽂아두었나요?

자 그렇다면, 여러분은 수학공부를 절대 할 수 없을 것입니다. 이런 상태라면 아직까지 뇌가 수학공부를 하도록 명령하는 상태이기 때문입니다. 그러면 안 됩니다. 뇌는 며칠간은 그렇게 명령하다가 어느 순간 수학공부를 안 해도 되는 오만가지 이유를 만들어내서 우리가 수학공부하지 않도록 설득할 것이기 때문입니다.

우리의 '뇌'가 수학공부 하도록 지시하게 해서는 안 됩니다. 그냥 몸이 알아서 수학문제집을 집어 들어야 합니다. 자신의 엉덩이는 자신도 모르게 의자에 붙어 있어야 합니다. 손가락은 자신도 모르게 샤프를 쥐고 풀어야 합니다. 그 이후에는 전두엽을 활성화시켜서 수학문제에 집중하도록 해야 합니다. 절대 수학공부 하고 안 하고를 뇌에 판단에다 맡겨서는 안 됩니다. 즉, 수학은 머리를 쓰는 과목이지만, 수학공부의 꾸준한 실천에 있어서는 아무 생각이 없어야 합니다. 마치 숨 쉬는 것처럼 아무런 생각이나 고민 없이 수학 문제에 몰입해야 합니다.

앞에서 우리는 재미없는 일을 습관으로 만들기에 대해서 배웠습니다. 기억나시나요? 다시 한 번 복습해볼까요?

재미없는 일을 습관으로 만들기 총정리

1 재미없지만 습관으로 만들어야 하는 이유 정하기

　　예)날씬한 몸매

2 재미없지만 해야 하는 일 정하기

　　(핵심습관; 처음에는 쉬울수록 좋다)

　　예)매일 1시간 걷기

3 지도의 구체화

　　① 환경의 구축 ② 행동계기 개발 ③ 체크리스트 작성

4 평균 66일 동안 지속하기(습관화)

5 2번 재설정하고 3~4번 과정 반복하기

자, 이것을 그대로 수학공부에 적용시키면 됩니다.

1 수학공부를 습관으로 만들어야 하는 이유 정하기

→ 이것은 지금까지 충분히 설명했습니다.

2 수학공부를 위한 '핵심습관' 정하기

→ 바로 이어서 설명하도록 하겠습니다.

3 지도의 구체화

→ 가장 중요한 작업입니다! 가장 어렵기도 하고요.

4 평균 66일 동안 지속하기 → 습관화

5 다른 핵심습관을 정해서 실천하기

2번에서 5번까지의 과정을 이어서 설명하도록 할게요. 따라오고 있죠?
파이팅!

수학 잘 하는 핵심습관

그런데 여기서 수학공부를 잘 하기 위해서도 습관이 필요한가 하는 의문이 들 수 있습니다. 수학이야 타고난 머리가 있어야 된다고 생각하는 사람들도 있긴 하죠. 수학실력이란 것이 습관적인 훈련으로는 향상될 것 같지는 않다거나 한계가 분명히 있을 것이라고 생각하기도 하겠죠. 하지만 그렇지 않습니다.

창의성은 습관에서 나온다!

세계적인 심리학자인 하워드 가드너Howard Gardner 하버드대 교수는 "박스 밖에서 생각하려면 먼저 박스가 필요하다"고 말했습니다. 도대체 이 말이 무슨 뜻일까요?

박스 밖에서 생각한다는 것은 바로 창의성을 말합니다. 하지만 창의적이기 위해서는 일단 '박스'가 필요하다는 말입니다. 여기에서의 '박스'란 하워드

가드너 교수에 따르면, '훈련 마인드와 통합 마인드를 의미한다'고 합니다.

세계적 무용가 트와일라 타프Twyla Tharp는 "창조성은 선천적인 것이 아니라 노력을 습관화하는 데서 싹 튼다"고 했습니다.

세계적인 경영사상가인 말콤 글래드웰은 세계적인 베스트셀러가 된 그의 책, 〈아웃라이어Outliers〉에서 비범한 성취를 이룬 사람, 즉 아웃라이어들의 공통적인 성공비결은 '1만 시간'에 달하는 반복적이고도 집중적인 훈련에 근거한다고 강조합니다.

박인비가 세계 여자 골퍼의 최정상에 설 수 있었던 것은 죽도록 스윙연습을 했기 때문입니다. 류현진이 메이저리그에서 승승장구 할 수 있었던 것은 미련하도록 투구연습을 했기 때문입니다. 김연아가 피겨 여제가 된 것도 다른 선수들보다 2배 이상의 연습을 했기 때문입니다. 비틀즈가 수많은 명곡을 남길 수 있었던 것 또한 아주 오랜 기간 동안 무대에서 죽도록 연주했기 때문입니다.

우리가 시시하다고, 재미없다고, 다 안다고 소홀히 하거나 무시했던 것들을 그들은 묵묵히 그리고 착실히 쌓아 나갔던 것입니다. 그런 밑거름 위에서 그들은 성공의 기회를 잡을 수 있었던 것입니다.

그러므로 수학공부를 습관으로 만들어 버리는 것이 수학을 잘 할 수 있는 가장 효과적이고도 유일한 방법입니다.

김연아도 스케이팅 연습을 끔찍해 했다

그런데 여기서 우리는 오해하는 것이 하나 더 있습니다. 그들은 그들의 분야에 탁월한 재능이 있고 또 그것을 좋아했으므로 당연히 연습시간을 즐겼으리라고 생각하는 것입니다. 아무리 힘든 연습도 그들에겐 고통이 아니라 즐거움이었으리라 생각하는 것입니다. 그래서 김연아라면 아무리 연습시간이 길어도 마냥 즐겁게만 연습했으리라 생각합니다. 하지만 그렇지 않다고 합니다. 김연아조차도 연습시간이 끔찍하다고 어느 인터뷰에서 말한 적이 있었습니다. 심지어 어떤 사정으로 인해 연습시간이 취소되기라도 하면 너무나 좋아 한답니다. 올림픽 마라톤 금메달리스트인 황영조 선수는 연습이 너무 힘들어 세 번이나 자살을 생각한 적이 있다고도 할 정도입니다.

그들도 우리와 똑같은 인간들입니다. 그들이라고 특별하지 않습니다. 그들도 남들처럼 마음대로 먹고, 마음대로 놀러 다니고, 마음대로 친구 만나러 다니고 싶었을 것입니다. 하지만 그들은 꾹 참고 연습시간을 지켰습니다. 그들은 미련하도록 자신이 세운 계획을 그대로 실천했습니다. 연습실이나 운동장으로 향하는 것이 죽도록 싫은 때도 있었겠지만 그들은 이겨내었고, 자신과의 약속을 지켰습니다. 그들에게는 당장의 육체적, 정신적, 문화적 안위보다 더 크고 중요한 목표가 있었기 때문이었습니다.

모두에게, 모든 연습은 힘들고 고됩니다. 하지만 그것을 이겨내느냐, 이겨내지 못하느냐에 따라 성공하고 성공하지 못하고가 결정 납니다. 성공하지 못한 대부분의 사람들은 재능이 부족해서가 아니라 '연습 부족'입니다. 하지만 그들은 타고난 재능을 탓할 뿐입니다.

전국의 내로라하는 수학교육 전문가들에게 물어보았습니다. 어떻게 하면 수학을 잘 할 수 있을까 하고요. 아주 많은 의견들을 취합하고 정리하였는데요, 단 세 줄로 요약이 가능하였습니다.

① 매일 꾸준히!
② 개념을 확실히!
③ 좋은 풀이습관을 들여라!

어떻습니까? 좀, 실망하셨나요? 뭔가 대단한 방법이 나올 줄 알았습니까? 이거 왜 이러세요? 아마추어같이. 진리는 멀리 있거나 복잡하지 않습니다. 가까운 데 있고 또 쉽습니다. 문제는 우리의 실천에 달려 있습니다. 그리고 그 '실천'을 우리는 너무 크게 생각한다는데 문제가 있습니다.
몇 가지 안 되죠? 이 세 가지를 순서를 정하고 한 번에 하나씩 습관으로 만들어 버립시다.

매일 꾸준히 하는 습관

가장 먼저 습관을 들여야 하는 것은

매일, 꾸준히 하는 것입니다.

한국과학영재학교를 수석으로 졸업하고, 프린스턴 대학에 합격한 김현근은
자신의 공부경험을 담은 책, 〈가난하다고 꿈조차 가난할 수 없다〉에서 "수학
처럼 '무식하게' 공부해야 하는 과목도 없다"고 말했을 정도입니다. 영재학교
학생인 현근이에게도 수학은 부담스러운 과목이었다고 합니다. 그가 수학을
잘 할 수 있게 된 것은 그의 뛰어난 머리가 아니라 무식하다싶은 '꾸준함'이
었습니다.

따라서 수학을 잘 하기 위한 가장 핵심습관은 수학을 '매일'하는 것입니다.
비가 오나 눈이 오나 바람이 부나, 정해진 시간에 수학문제를 푸는 것입니
다. 정말이지 그것 말고는 다른 방법이 없습니다.

하루 중 수학공부를 하는 시간을 정합시다.

그러기 위해서는 자신의 시간을 알아야 합니다. 하루 계획표를 세우는 이유가 여기 있습니다. 자신의 24시간, 일주일을 통해 얼마만큼 수학공부에 할애할 수 있을지를 체크하도록 합니다.

물론 그 공부시간은 학년에 따라서 자신의 환경에 따라서, 실력에 따라서 다릅니다. 하지만 중요한 것은 정해진 시간, 정해진 분량이 있어야 한다는 것입니다. 그리고 그것은 우리들의 생활에 변화를 일으킬 수 있는 만큼의 양과 질이어야 합니다.

죽어도 수학공부 해야 하는 시간을 정한다!

시간	일	월	화	수	목	금	토
…							
17:00							
18:00							
19:00							
20:00							
21:00							
22:00							
23:00							
24:00							

수학공부만을 위한 타임블록

앞의 표를 작성해 보십시오. 하루 중 어떤 시간을 들어내어 '수학공부 타임블록time block'으로 설정할지를 결정하도록 하십시오. '매일'해야 합니다. 당분간은 토요일과 일요일에도 실천하는 것이 습관 형성을 위해서는 좋습니다.

숙제를 숙제로 하지 말라!

학교는 물론이고, 학원을 다니면 아마 수학 숙제가 부과될 것입니다. 그러면 그 숙제는 매일 하는 수학공부에 포함될 수 있느냐의 문제가 생기겠죠? 그것은 여러분들에게 달려 있습니다.
숙제를 '숙제'로 여기고 억지로 문제를 풀거나 건성으로 하게 되면 그것은 수학공부를 하지 않은 것입니다. 분명히 수학문제를 풀었음에도 불구하고 수학공부를 하지 않은 것이 된다면 정말 시간적으로 큰 손해이겠죠?

아이들을 괴롭히기 위해 의도적으로 부과된 벌(罰)숙제가 아닌 이상, 정상적으로 부과되는 모든 숙제는 나름대로의 의미가 있습니다. 숙제는 무의미하다는 생각에 숙제를 대충 대충 해 가는 것은 자신의 손해일 뿐입니다. 허세입니다. 그런 식으로 하는 숙제는 철저한 시간 낭비에 지나지 않습니다.
차라리 이렇게 생각하십시오.
'이 세상의 모든 숙제는 가치가 있다!'
그러므로 숙제를 숙제로 여기지 말고 자신의 공부로 여기고 기쁜 마음으로 능동적인 마음으로, 적극적으로 해 갑시다. 숙제에서 요구하는 것보다 더 철저히 더 많이 해 간다면 아마 학교나 학원 선생님의 눈빛이 달라질 것입니다. 선생님과의 관계가 좋아지면 그 과목의 실력이 느는 것은 불을 보듯 뻔합니다.

그리고는 아무 생각 없이 그냥 팍! 시작하자!

그리고 그 시간이 되면 그냥 팍 시작하는 것입니다. 오늘 학원에서 수학 많이 했으니까, 내일까지 해야 하는 다른 숙제가 많아서, 오늘은 머리가 너무 아파서… 이러한 속삭임들은 모두 '코끼리'의 것임을 명심해야 합니다. 절대 넘어가서는 안 됩니다.

앞에서 예로 들었던 새벽 운동을 시작 하는 방법과 같습니다. 아무리 이불 속이 포근해도, 몸이 좀 좋지 않더라도, 운동은 꼭 오늘 하지 않아도 아무 일이 없을 것이라는 달콤한 말이 귀에서 속삭여도 그냥 팍 일어나야 하는 것처럼 말입니다.

수학공부도 똑같습니다. 아무리 TV가 재미있어 보이고, 빈둥거리고 싶어도 정해진 시간에 책상 앞에 앉아야 합니다. 손 때 묻은 수학 문제집과 풀이노트, 샤프를 아무 생각 없이 집어 들어야 합니다. 그리고는 '팍!' 문제를 풀어 봅시다. 문제에 빠져 들어봅시다. 어느 순간, 마치 새벽운동을 한 것처럼 뿌듯함이 느껴질 것입니다. 매일 수학문제 푸는 것을 하나의 일과로 정하고 실천합시다. 필요하면 알람을 맞추어 두는 것도 좋은 방법입니다.

수학공부는 머리가 아니라 엉덩이로 합니다.
수학공부는 머리가 아니라 손가락으로 합니다.
수학공부는 머리가 아니라 몰입으로 합니다.
수학공부는 머리가 아니라 습관으로 합니다.

위험성

단, 여기서 조심해야 할 것이 있습니다. 단순히 공부 시간만 채우면 된다는 생각은 금물입니다. 매일 두 시간 수학공부 하기로 했다고 합시다. 그리고 실제로도 매일 두 시간씩 수학문제를 풉니다. 그런데 성적은 오르지 않습니다. 그 이유는 무엇일까요?

집중하지 않고 시간만 때울 때 그런 현상이 일어납니다. 스스로는 두 시간 공부했다고 생각할지 모르지만 집중해서 푼 문제는 단 두 문제뿐일 수도 있습니다. 1시간 30분 동안 어영부영 딴 생각하다가 15분 문제 풀고, 15분은 그냥 일찍 끝낼 수도 있습니다. 그렇게 시간을 보냈으면서도 자신은 두 시간 공부했다고 철썩 같이 믿고 있는 것입니다.

이때 필요한 것은 자신을 바라보는 객관적인 시각입니다. 항상 이런 질문을 스스로에게 해야 합니다.

"나는 지금 무엇을 하고 있는가?"

이 질문을 끊임없이 던지면서 공부해야 합니다. 그리고 동시에 "이것보다 더 효율적이고 효과적인 방법은 없는가?"를 항상 생각해야 합니다. 내가 세운 목표를 향해서 내가 지금 제대로 가고 있는가를 항상 점검해야 합니다.

매일 수학 공부하는 습관을 들이는 것은 그림과 같은 뼈대를 세우는 작업입니다.

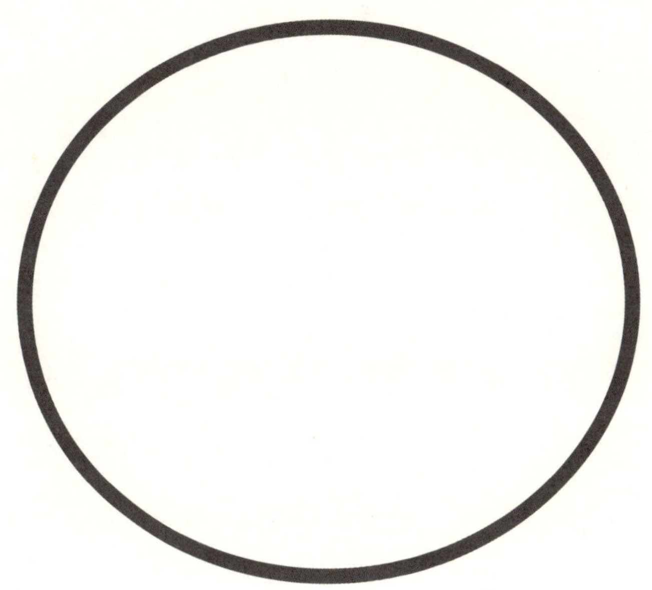

<수학 잘 하는 핵심습관1>

죽어도 매일 한다!

수학을 매일 공부하기 위한 지도의 구체화 전략 세우기

수학을 죽어도 매일 공부하기를 습관으로 만들기 위해 필요한 지도의 구체
화 전략을 세워 봅시다. 이것은 여러분의 상황에 따라 다를 수 있으므로 자
신 만의 전략이 중요합니다.(다음의 내용은 예시입니다.)

1 환경의 조성

– 거실에 큰 탁자를 두고, 수학문제집을 항상 올려 둔다.(바로 풀 수 있도
록)

– 수학공부시간을 알람으로 맞춰놓는다.

– 형제가 있다면 같이 한다.(가능하면 부모님도 동참한다.)

2 행동계기 만들기

– 집에 귀가하자마자 수학 공부를 시작한다.(교복 차림으로)

– 수학공부를 완료한 후에 샤워하도록 한다.(샤워를 수학공부 후에 하는 하
나의 의식ritual으로 만든다. 수학공부 하지 않고 샤워 하는 것을 찝찝하게
만들어 버리는 효과!)

3 체크리스트 활용하기

– 수학일기를 작성해 본다.

– 거실에 캘린더를 붙여 놓고 수학공부를 했으면 스티커를 붙인다.

– 한 달 동안 모두 채웠으면 부모님한테서 상을 받는다.

수학을 매일 공부하기 위한 여러분만의 구체화 전략을 세워 보세요!

환경의 조성

행동계기 만들기

체크리스트 활용하기

수학을 매일 공부하기 위한 여러분만의 구체화 전략을 세워 보세요!

개념의 정복

이 세상의 모든 수학 선생님들이 이구동성으로 강조합니다. 수학은 '개념'이 중요하다! 구요.

개념을 안다는 것!

하지만 어떻게 해야 개념을 정복할까요? 개념을 그저 딸딸 외우기만 하면 되는 걸까요? 그렇게 하면 개념을 안다고 할 수 있는 것일까요?

예를 들어 '소수(素數)'에 대해 공부한다고 해 봅시다. 개념은 다음과 같이 정의 될 것입니다.

양의 약수가 1과 자기 자신 뿐인 1보다 큰 자연수

이게 도대체 무슨 뜻일까요? 지구인 평균 정도의 지능을 갖고 있는 나로서도 달랑 이 문구 하나를 이해하기가 쉽지 않았습니다. '양의 약수'라는 의미, '약수가 1과 자신 뿐'이라는 의미, '1보다 큰 자연수'라는 의미가 실제적으로 와 닿지가 않습니다. 문자 그대로 외울 수는 있겠으나 그것이 수학적으로 어떤 의미를 갖고 있는지는 당장 알 수가 없습니다.

그것이 피부로 느껴지기 위해 개념이해 문제들이 필요한 것입니다. 그 문제들을 풀어보고, 틀리고, 다시 푸는 과정에서 개념이 더욱 명확해지기 때문입니다.

다음 문제들을 풀어볼까요?

1

1에서 30까지의 자연수 중에서 소수를 모두 찾고, 그 개수를 구하는 과정이다. 물음에 답하여라.

1	2	3	4	5	6	7	8	9	10
11	12	13	14	15	16	17	18	19	20
21	22	23	24	25	26	27	28	29	30

(1) 먼저 1을 지운다.

(2) 2를 남기고 2의 배수를 지운다.

(3) 3을 남기고 3의 배수를 지운다.

…

(4) 이와 같은 방법으로 계속 지워 나가면 남아 있는 자연수는 모두 (   )개이다. 따라서 30보다 작은 소수를 모두 찾으면 (   ) 개이다.

2 다음 중 소수를 모두 찾아라.

3, 21, 37, 39, 49, 51, 53

3 다음 설명 중 옳은 것을 고르시오.

①10이하의 자연수 중 소수는 모두 3개이다.

②1은 소수이다.

③소수는 모두 홀수이다.

④소수는 약수의 개수가 2개 이상인 수이다.

⑤소수 중 2는 유일한 짝수이다.

〈출처: 김샘수학 중1 자연수 레벨3〉

해답 **1** 10, 10 **2** 37, 53 **3** ⑤

이런 문제를 푸는 과정에서 '소수' 개념을 더욱 확실히 다질 수 있습니다. 만약 아이가 소수의 개념을 처음 공부한다면 이런 기본적인 문제도 간혹 틀릴 수 있습니다. 괜찮습니다. 지극히 정상입니다. 이런 문제는 맞히는 것이 중요한 것이 아니라 틀렸을 때 확인하는 것이 더 중요합니다. 그 과정에서 아이들은 문장으로 설명된 수학 개념을 실제 수(數)와 부대끼면서 느낄 수 있기 때문입니다. 이 과정을 충실히 밟아야 개념이 강해집니다.

이 과정은 마치 자동차 운전을 습득하는 과정과 흡사합니다. '자동차 운전 설명서'를 읽었다고 해서 당장 자동차를 운전할 수 있는 것이 아니기 때문입니다. 연습을 해야 합니다. 가끔 연습 중에 사고도 납니다. 그 과정을 통해 몸으로 익히는 것입니다. 개념은 이론이고 개념문제 푸는 것은 연습입니다. 자동차의 이론을 공부한 후 주행 연습하듯이 말입니다.

초보기간을 견뎌라

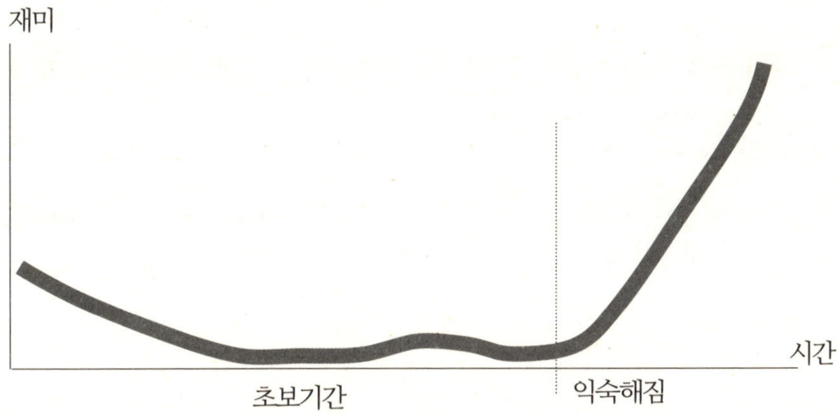

앞에서 우리는 이 표를 보았을 것입니다. 바로 '초보기간 견디기 그래프'입니다. 모든 일에 능숙해지기 위해서는 이 초보기간을 견뎌야 합니다.

수학의 새로운 개념을 배우고 익히는 과정도 초보기간에 해당됩니다. 그렇다면 우리는 수학의 새로운 단원을 들어갈 때마다 초보자라는 뜻입니다. 초보자로서 우리가 해야 할 일은 무엇일까요?

어렵다고, 이해 안 된다고 짜증낼 것이 아니라, 익숙해질 때까지, 이해가 될 때까지 연습하고 또 연습하는 것입니다. 초보자에게는 새로운 것들이 당연히 어렵고, 어색하고, 힘이 듭니다. 수학뿐만 아니라 모든 일이 다 그렇습니다.

그런데 우리는 다른 일의 초보기간은 그렇게 잘 견디면서(특히 게임할 때의 초보기간), 유독 수학공부의 초보기간에는 인내심이 제로일까요? 우리는 절대 "난 컴퓨터 게임에 재능이 없는가봐"라고 생각하지 않습니다. 아무 어려운 조건에서도(예를 들어 에너지가 바닥났는데 풀 파워 보스를 해 치워야 하는 상황) 그 미션을 보란 듯이 이루어냅니다. 연습에 연습을 거듭해서 말입니다. 정말 처절하도록 열심히 합니다.
그런데 왜 유독 수학 공부할 때는 너무도 빠르고 쿨하게 "내겐 수학의 재능이 없다"고 단정지어버리는 것일까요? 마치 모두들 그래왔고 지금도 그렇고, 앞으로도 그럴 것처럼 말입니다.

수학공부의 초보기간이 어렵고 힘든 것은 당연함을 받아들여야 합니다. 우리 부모님들도 아이들의 초보기간을 인정해야 하며, 끊임없이 격려하고 칭찬해 주어야 합니다. 그것이 현실적으로도 공정합니다.

초보기간에 필요한 것은?

우리 엄마들이 운전 초보자일 때를 한 번 생각해 볼까요? 가끔 아빠가 조수석에 탈 때가 있습니다. 그 다음의 상황은 굳이 안 봐도 뻔합니다. 두 분은 싸우게 될 것입니다. 확실합니다. 나의 전 재산을 걸어도 됩니다. 왜 그렇게 될까요?

그때만큼은 우리의 과묵하셨던 아빠에게 방언의 은사가 내리기 때문입니다.

"에헤이! 그게 아니지!"

"깜빡이 켜라구!"

"지금 끼어들어야지! 뭐하냐?"

"브레이크! 브레이크! 빨간 불이잖아! 도대체 어딜 보고 운전하는 거야?"

우리들의 아빠가 이렇게 말을 많이 하는 것은 처음 봅니다. 아빠의 의도는 엄마가 운전을 좀 더 잘 할 수 있도록 돕는 데 목적이 있었겠지만 결과적으로는 다툼만 일게 됩니다. 가장 큰 원인은 아빠의 잔소리 때문입니다.

수학공부에 있어서도 우리 아이들과 엄마와의 관계가 그렇습니다. '수학'이라는 이름의 자동차를 몰고 있는 초보 운전자인 우리 아이들 옆에서 엄마들은 끊임없이 잔소리를 퍼부어 댑니다. 그렇게 해서 우리 아이들의 실력이 늘어날까요? 그러기는커녕 엄마와의 사이만 나빠질 것이 분명합니다.

그렇다면 초보 운전자인 엄마 옆에 탄 아빠는 어떻게 해야 할까요? 어떻게 해야 엄마와 싸우지 않고 좋은 관계를 유지할 수 있을까요? 예, 그렇습니다. '닥치고 가만히 있기'입니다. 차라리 눈을 감고 자는 척 하는 것이 나을지도 모릅니다. 잔소리가 턱밑까지 차오르더라도 참아야 합니다. 잔소리로는 절대 상황을 개선할 수 없습니다. 대신 격려와 칭찬을 아끼지 말아야 합니다.

"처음 치고는 참 잘 한다."

"괜찮아, 마음 편하게 해."

우리의 엄마들도 잔소리를 참으시고, 침묵하시던가 칭찬을 해 주셔야 합니다. 꼭 명심하십시오. 아이들은 단원이 바뀔 때마다 수학초보라는 사실을요!

수학의 전체적인 계통을 이해해야 합니다!

앞에서 우리는 새로운 단원을 배울 때마다 그 단원(개념)의 초보자라는 사실을 알았습니다. 따라서 현재 배우고 있는 수학의 개념이 왜 중요한지를 깊이 이해하고 있어야 합니다. 그러기 위해서는 전체 수학과정의 계통을 이해할 필요가 있습니다.

별도의 페이지로 제공해 드리는 〈한 눈에 보는 수학계통도〉는 초등학교 때부터 고등학교 3학년까지 배우는 수학 단원이 어떻게 연결되는지를 보여주고 있습니다. 새로운 단원을 들어갈 때 마다 이 계통도를 보고 확인하도록 하십시오. 각각의 단원은 앞으로 배울 내용의 기초가 되기 때문입니다. 지금 공부하고 있는 내용이 앞으로 얼마나 위대하게 확장될 것인지를 아는 것은 무척 중요합니다. 이런 습관을 들이면 개념을 무작정 외우지 않고 재미있게 공부할 수 있습니다.

수학은 철저한 계통의 학문입니다. 앞의 것을 모르고서는 절대 그 다음으로 나갈 수가 없습니다. 특정한 단원이 이해가 되지 않는다면 계통도를 역으로 거슬러서 앞의 내용을 다시 복습해야 합니다. 필요하다면 낮은 학년의 수학을 공부해야 할지도 모릅니다. 그것은 부끄러운 것이 아니라 현명한 것입니다. 제일 좋지 않은 것은 제대로 알지도 못하면서 진도만 들입다 나가는 경우입니다.

자동차를 운전할 때 내비게이션을 가끔 활용합니다. 지도를 너무 크게(자세히 나오도록) 설정하면, 상세히는 볼 수는 있지만 이 길이 어떤 방향으로 연결되어 있는지는 알 수가 없습니다. 가끔씩은 지도를 작게 하여(넓게 나오도록) 볼 필요가 있습니다. 그러면 내가 가야하는 길을 전체적으로 이해할 수가 있습니다. 수학의 전체계통을 이해하는 것은 이것과 같습니다.

동시에 여러 다양한 수학 관련 콘텐츠를 활용하시기 바랍니다. 수학 관련 도서와 다큐멘터리들을 찾아서 보시기 바랍니다. 교과서에도 이 단원을 공부하는 이유가 나와 있습니다.(이것이 바로 스토리텔링형 수학입니다!) 이런 것들을 모두 꼼꼼히 모두 읽어 보시기 바랍니다.

즉, 수학이란 교실 안이나 문제집 속에만 갇혀 있는 것이 아니라 우리 실생활 곳곳에 적용되고 활용되고 있음을 깨달으면 수학개념공부가 컴퓨터게임만큼 재미있어질 것입니다.

개념공부의 올바른 습관화는 그림과 같이 골격 속의 코어core를 심는 과정입니다.

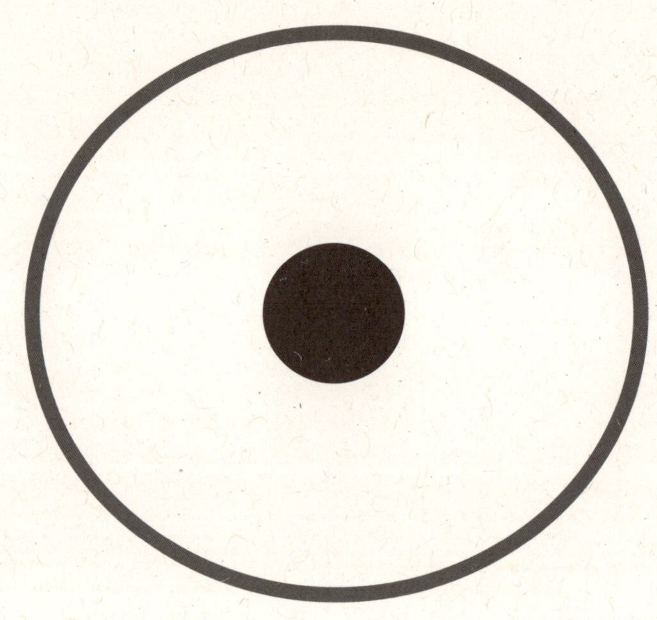

<수학 잘 하는 핵심습관 2>
개념을 확실히 새겨라.
이 개념이 어떤 의미를 가지는지 파악하라.
(수학계통도의 활용!)
수학초보기간을 즐겨라!

개념 정복을 위한 지도의 구체화 전략 세우기

1 환경의 조성

- 〈한 눈에 보는 수학계통도〉를 벽에 붙여 놓는다.
- 수학 관련 도서와 다큐멘터리를 수집하여 취미처럼 읽거나 본다.

2 행동계기 만들기

- 새로운 수학개념을 배우면 가족에게 가르쳐야 하는 규칙을 만들어둔다.
- 다른 가족이 이해할 수 있도록 설명할 수 있어야 통과!
- 한 단원의 수학개념을 통과하면 부모님으로부터 상을 받는다.

3 체크리스트 활용하기

- 책을 보지 않고 개념을 설명할 수 있으면 〈한 눈에 보는 수학계통도〉의 해당 단원박스에 스티커를 붙여준다.
- 학기별로 스티커가 다 붙으면 부모님으로부터 '큰 상'을 받는다.

개념정복을 위한 여러분만의 구체화 전략을 세워 보세요!

환경의 조성

행동계기 만들기

체크리스트 활용하기

좋은 풀이 습관들이기

수학공부를 매일 정해진 시간에 한다는 것은 수학을 잘 하는데 있어서 가장 기본이 되는 습관입니다. 그리고 개념을 얼렁뚱땅 넘기지 않고, 개념정리와 개념을 확인할 수 있는 개념확인문제(유제)를 반복적으로 풀이하는 것은 응용되는 수학문제 풀이에 있어서 가장 기초적인 훈련입니다. 하지만 이것만으로는 결실을 맺을 수 없습니다. 거기서 더 나아가야 합니다.

수학공부에 있어서 가장 중요한 결실은 문제를 빠르고 정확하게 푸는 것입니다. 그것이 시험성적으로 직결되며, 시험성적은 공부 자신감으로 귀결되기 때문입니다. 그러기 위해서는 올바른 풀이습관이 있어야 합니다. 가장 핵심적인 습관이므로 부단한 연습이 필요합니다. 좋은 풀이습관을 많이 갖고 있을수록 수학공부의 뼈대는 튼튼해질 것입니다.

그러한 습관에는 어떠한 것들이 있는지 하나씩 하나씩 살펴보도록 하겠습니다.

〈좋은 풀이 습관〉

① 풀이과정 예쁘게 적기

② 풀이노트 활용하기

③ 오답에 당당히 맞서기

풀이과정을 '예쁘게' 적어라!

좋은 풀이과정의 가장 기본은 '예쁘게' 적는 것입니다. 갑자기 여기저기서 남자 아이들의 원성이 들려옵니다.

"전 원래 글씨를 잘 못 적어요!"
"풀이과정을 예쁘게 적는 건 여자애들이나 하는 짓이잖아요!"
"천재는 악필이라던데…"

여기서 오해하지 말아야 할 것은 풀이과정을 예쁘게 적으라는 것이 여자아이들처럼 형형색색, 화려하게 적으라는 의미가 아닙니다. 적어도 다른 사람이 자신의 풀이과정을 보고 이해할 수 있어야 한다는 의미입니다. 특히 남자아이들 중에는 글씨가 엉망을 넘어서 해독 불가능한 경우가 많습니다. 또 풀이를 여기저기 마구잡이로 쓰다 보니 다 풀어놓고는 답을 어디다 적었는지자신도 모릅니다. 자신도 모르는 풀이과정을 남이 이해할리는 만무합니다.
글씨를 원래 못 쓰는 경우는 '절대' 없습니다. 다만 글씨를 쓸 때 신경을 쓰지 않을 뿐입니다. 그냥 귀찮고 지가 편한 대로 하는 것일 뿐입니다. 편한대로 하면 편할 수는 있어도 성장은 없습니다.

모든 것이 습관입니다. 글씨를 반듯 반듯하게 쓰는 것도, 글씨를 괴발개발 쓰는 것도 다 습관입니다. 수학의 풀이과정을 무슨 암호나 고대의 문자처럼 써서 '해독'하기 어렵다면 그것은 반드시 고쳐야 될 잘못된 습관일 뿐, 원래 그런 것도, 그래야만 하는 것도, 운명도 아닙니다.

풀이과정을 예쁘게 적는다는 것은 다음과 같은 요소를 가지고 있어야 합니다.

첫째, 오와 열을 맞추어야 합니다.

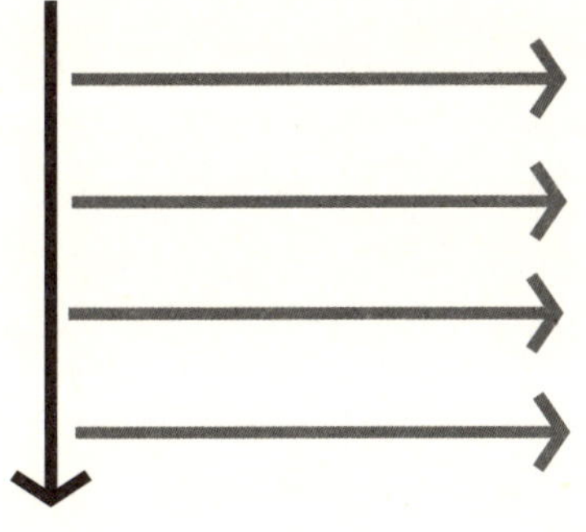

오와 열이 맞추어져 있지 않은 풀이과정

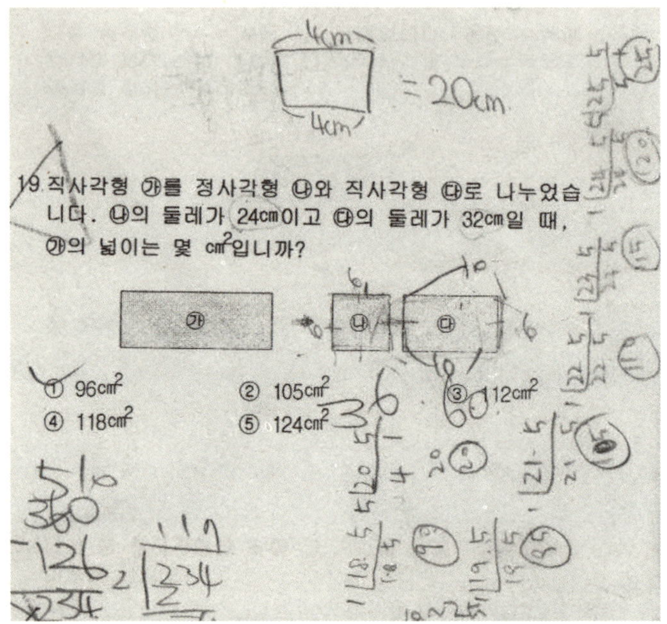

헉~ 도대체 답은 어디에 있는 것일까요?

둘째, 풀이과정이 수학적으로 논리적이어야 합니다.

특히 부호나 등식이 수학적으로 논리적이어야 합니다. 수학에 사용되는 문자나 약어, 부호의 의미를 정확히 알고, 정확히 사용해야 합니다.

> 문제〉 연속하는 세 자연수가 있다. 가장 작은 자연수의 3배는 다른 두 수의 합보다 4만큼 크다고 한다. 가장 작은 수를 구하여라.

= 3(x−l)=x+x+l+4

= 3x−3=2x+5

= 3x−2x=5+3

= x=8

= 7

위의 풀이과정은 답은 맞긴 하지만 잘못된 풀이입니다. 우선 등호(=)의 사용이 잘못되었죠. 아이들 중에는 무조건 앞에다 등호를 붙여야 한다고 생각하기 때문일 것입니다. 그리고, 처음 식이 왜 저렇게 도출되었는지에 대해서 아무런 설명이 없습니다. 풀이과정에 대한 결론이 명확하지 않은 것도 문제이지요.

셋째, 다른 사람에게 설명하듯 적습니다.

풀이과정을 적는 것은 일종의 '의사소통'입니다. 그러므로 다른 사람이 보았을 때 그 풀이과정이 이해되어야 합니다.

문제〉 각 자리 숫자의 합이 6인 두 자리의 자연수가 있다. 이 수의 십의 자리 숫자와 일의 자리 숫자를 바꾼 수는 처음 수의 3배보다 6이 크다고 한다. 처음 수를 구하여라.

처음 수 구하기

처음 수의 십의 자리를 a, 일의 자리를 b라 두면,

처음 수는 : $10a+b$

조건 : $a+b=6$

처음 수의 십의 자리 숫자와 일의 자리 숫자를 바꾼 수는 : $10b+a$

따라서

$10b+a=3(10a+b)+6$ → 방정식을 간단히 하면

$10b+a=30a+3b+6$

$29a=7b-6$

미지수 b를 조건 $a+b=6$을 활용하여 $b=6-a$ 로 대입하면

$29a=7(6-a)-6$

$29a=42-7a-6$

$36a=36$

$\therefore\ a=1$

$a+b=6$이므로 $b=5$

$\therefore$ 처음 수는 15

답 : 15

이 풀이는 마치 선생님이 자상하게 설명해 주듯이 적혀 있습니다. 누가 보더라도 풀이가 이해될 정도입니다. 풀이기호를 적절히 활용하고 있는 것도 확인할 수 있습니다.

이처럼 풀이과정을 예쁘게 적는 것은 '정리가 깔끔하다'는 표면적인 이유보다 더 중요한 의미가 있습니다. 그것은 다른 사람이 보았을 때 자신이 쓴 풀

이과정을 이해할 수 있을지를 상상하며 적는 훈련이기 때문입니다. 타인의 시각을 가지는 것(공감능력)은 사고력에서 가장 중요한 단계입니다.

즉, 수학풀이를 적으면서 우리는 논리를 이해하고, 언어를 이해하고, 타인의 시각을 이해해야 합니다. 풀이과정 예쁘게 쓰기를 제대로 훈련하면 수리력은 물론이고, 언어력과 의사소통능력이 길러집니다.

풀이노트 활용하기

태권도 학원에 다닌 친구들은 다 알겠지만, 태권도 학원을 다니는 목적 중에 심신을 단련하고 태권도를 배우는 것만큼 중요한 것이 하나 더 있습니다. 그 것은 바로 태권도 학원에서 여러 가지 대회를 통해 나누어주는 '트로피'입니 다.

트로피라고 해 봐야 돈으로 따지면 기껏 1~3만 원 정도일 것입니다. 금빛으로 반짝 반짝 빛나서 멋져 보이지만 자세히 살펴보면 플라스틱에 금색으로 칠한 것에 불과하고요. 개중에는 불량품도 있어서 잘 떨어지거나 삐딱한 것도 있습니다. 하지만 아이들은(아이들보다 부모님들이 더) 이 트로피를 신줏단지 모시 듯 합니다. 무슨무슨 태권도대회 우수상(우수상은 거의 절반에 가까운 아이들에게 줍니다.)이라고 적힌 트로피를 책상에 두고서 자기만족에 빠집니다. 아이나 어른이나 다 똑같습니다. 어른이 되면 태권도 대회 대신에 골프 대회 트로피가 되겠죠.

사람들은 자신이 힘써 이룩한 것을 시각적인 것으로 소유하기를 원합니다. 그것은 자신이 이룬 것에 대한 기념도 되지만 앞으로 그 일을 계속하게끔 하는 시각적인 동기부여가 되기도 합니다. 그것을 축적(蓄積)함으로써 뇌에는 도파민이 생성되기 때문입니다.

수학공부에 있어서도 이런 '트로피'가 될 만한 것이 필요합니다. 바로 '수학 풀이 노트'입니다. 자신이 끙끙대며 풀었던 수학문제가 고스란히 담겨있는 노트를 초등학교 때부터 모으고 있는 사람을 본 적이 있습니다. 그것이 무슨 보물단지인양 소중하게 생각하더라고요. 그런 사람이 수학을 못할 리가 없겠 죠.

자 우리도 이제부터 수학풀이노트를 적어봅시다. 이것은 단순히 수학공책하 고는 좀 다르며, 오답노트하고는 많이 다릅니다. 스프링이 달린 좀 두꺼운 노트가 사용하기 편리할 것입니다. 굳이 이름을 붙이자면 **"통합수학풀이노 트"**정도로 하면 되겠죠. 자신만의 멋진 닉네임을 붙여도 됩니다. 예를 들어,

나만의 수학노트, MY MATH NOTE, MY MATH HISTORY,

MATH DIARY, 나만의 수학저널, 수학단지 …

윽, 한계입니다. 여러분은 더 멋지게 지을 수 있겠죠?

자 일단 수학 풀이 노트를 장만했다면 날마다 거기에다 모든 수학문제의 풀 이를 적어 봅시다. 스스로 정해서 풀 수도 있지만(제일 바람직합니다!) 학교 숙제, 학원 숙제의 문제를 거기에 풀어도 됩니다.

단, 풀이를 쓸 때마다 그날의 날짜를 적고 지금 문제의 출처, 즉 교재이름과 페이지, 번호를 적어야 합니다. 문제를 적어도 좋겠지만, 문제가 문장제 문제 이거나 지나치게 길면 적지 않아도 상관없습니다.

그 노트를 정성들여 채워봅시다. 풀이과정을 '예쁘게' 꼼꼼히 적어야 합니다. 노트의 페이지가 예쁘게 풀이된 수학문제들로 채워진다는 것은 그 만큼의 노력이 눈에 보인다는 의미입니다. 연습장이나 이면지 여기저기에 풀어서 사라져 버렸던 자신의 수학적 노력들을 일기장처럼 차곡차곡 모아 보자는 것입니다.

우리는 앞에서 컴퓨터 게임과 수학공부의 공통점과 차이점에 대해서 알아보았습니다. 그 중 수학공부와 컴퓨터 게임의 차이점으로 언급되었던 것이 바로 성장하고 있음에 대한 시각적 피드백의 유무였습니다.

다시 설명하면, 컴퓨터 게임에 있어서 성장하고 있음은 아주 다양한 방식으로 표시됩니다. 획득한 점수로, 혹은 순위로, 혹은 사용 가능한 고레벨의 무기나 아모armor로, 혹은 아바타의 멋진 진화 등으로… 그러니 게이머들의 자신이 성장하고 있음을 체감하며 더욱 재미있게 게임을 합니다. 반면, 수학공부에 있어서의 성장은 눈으로 명확히 보이지 않습니다. 하지만 이 수학풀이노트는 자신이 성장하고 있음을 보여주는 훌륭한 시각적 증거물이 될 수 있습니다.

풀이노트의 효과적인 활용법

수학 문제 풀이 방법에는 각자 다 개성이 있고, 또 선생님에 따라서 지도방법이 다 다를 수가 있습니다. 하지만 여기서 강조하고 싶은 것은 **자신에게 편한 방법이 아니라 가장 효과적인 방법을 찾아야 한다**는 것입니다. 이유는 서술형 평가의 경우 작성된 수학문제 풀이에 의해 평가를 받을 것이기 때문에, 자신에게 편한 것은 사실 아무런 의미가 없습니다.

어느 수험생의 어마무시한 수학풀이노트의 두께!

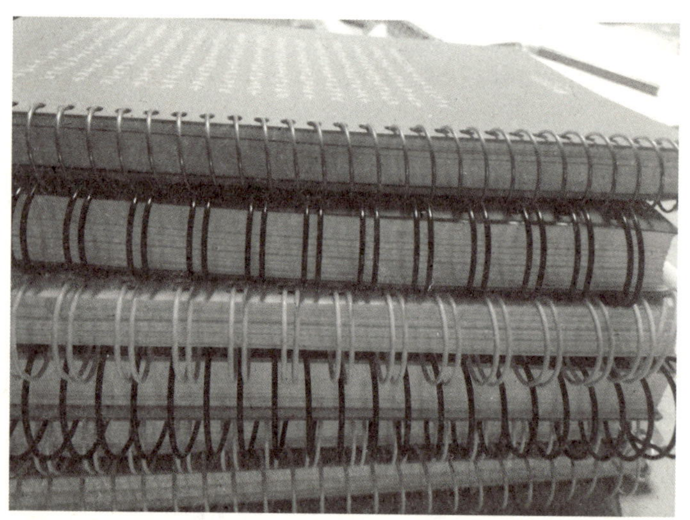

표현되지 않은 사랑은 의미가 없듯, 다른 사람이 알아 볼 수 없는 수학 풀이는 아무런 의미가 없습니다. 적절한 연습과 반복, 개선이 필요합니다.

어떤 노트를 장만할까요?

얇은 노트보다는 약간 두꺼운 노트를 준비합시다. 스프링 제본이면 사용하기
가 편리할 것입니다.

풀이과정 적는 법

사용할 때에는 그림과 같이 노트를 반으로 접고, 왼쪽 면에 풀이과정을 적습
니다. 풀이를 위한 계산은 오른쪽 면에 적으면 됩니다.(물론 별도의 연습장을
사용해도 되지만 될 수 있는 대로 간편한 것이 좋겠죠?)

문제풀이부분에는 교재이름과 페이지, 문항번호를 꼼꼼히 적어서 어떤 문제
인지를 명확히 밝히도록 해야 합니다. 특히 교재가 달라지는 경우에는 그 표
시를 크고 명확히 해 주어야 나중에 찾기 쉬울 겁니다.

그리고 교재에는 나중에 지울 수 있도록 답만 살짝 적고 채점합니다. 이렇게
하면 교재를 몇 번을 보아도 새것처럼 풀 수가 있어서 좋습니다. 그리고 틀
린 문제는 바로 오른편에 다시 풀어보면 그 자체가 하나의 오답노트가 되므
로 편리합니다.

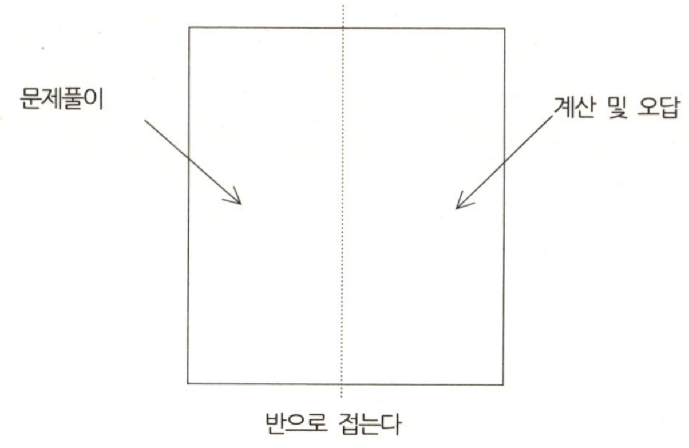

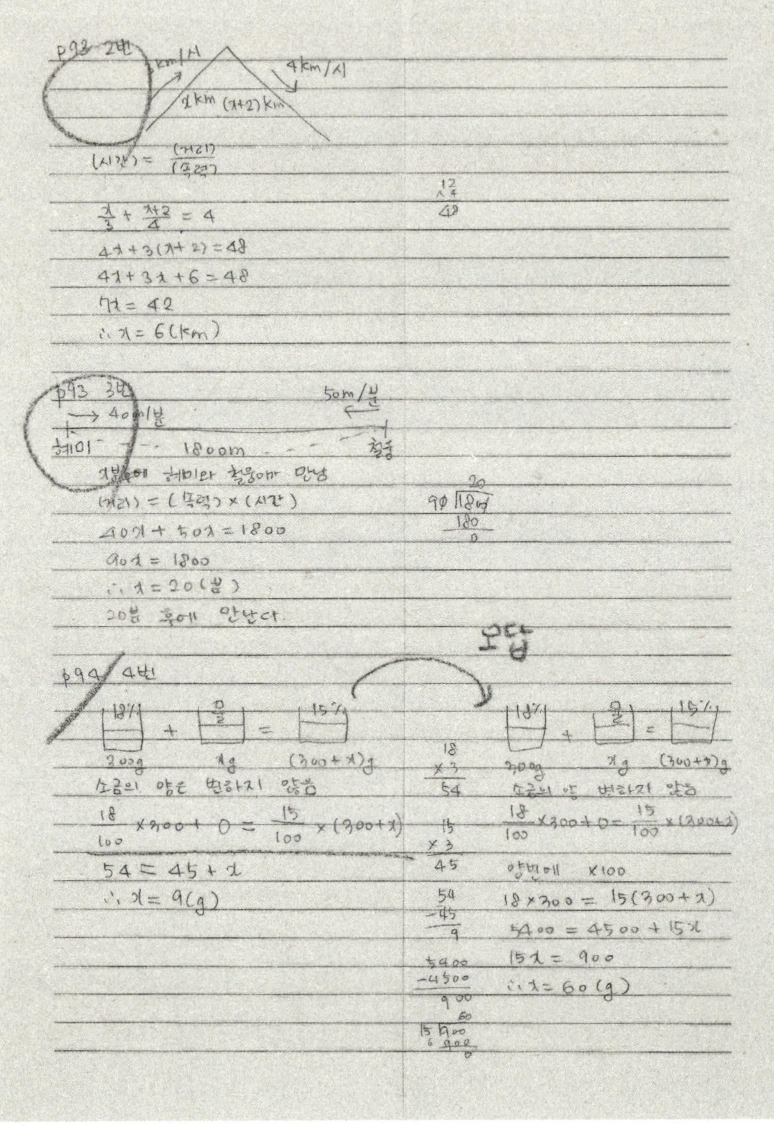

p93 2번
km/시   4km/시
x km   (x+2) km
(시간) = (거리)/(속력)
x/3 + (x+2)/4 = 4
4x + 3(x+2) = 48
4x + 3x + 6 = 48
7x = 42
∴ x = 6 (km)

p93 3번
40m/분   50m/분
해미   1800m   철웅
1분에 해미와 철웅이 만남
(거리) = (속력) × (시간)
40x + 50x = 1800
90x = 1800
∴ x = 20 (분)
20분 후에 만난다.

오답
p94 4번
18% + 0% = 15%
300g   x g   (300+x)g
소금의 양은 변하지 않음
18/100 × 300 + 0 = 15/100 × (300+x)
54 = 45 + x
∴ x = 9 (g)

18% + 0% = 15%
300g   x g   (300+x)g
소금의 양 변하지 않음
18/100 × 300 + 0 = 15/100 × (300+x)
양변에 ×100
18 × 300 = 15(300+x)
5400 = 4500 + 15x
15x = 900
∴ x = 60 (g)

수학문제집에 바로 풀이 적기

이 방법은 수학문제집에 모든 풀이과정을 적는 것입니다. 실제의 수학시험에서는 '풀이노트'라는 쾌적한 풀이 공간을 제공하지 않기 때문에, 파이널 시험 대비를 위해서는 수학문제집에 바로 풀기도 해야 합니다.

이때에도 오와 열을 맞추는 것은 매우 중요합니다. 누가 보더라도 답이 무엇인지 알 수 있도록 써야 합니다. 많은 아이들이 여기서 실수를 범합니다. 풀이노트에는 잘 적는 아이들이 시험지나 문제집에 풀이과정을 적을 때 엉망이 되는 경우가 많기 때문이죠.

이 방법으로 풀 때는 오답노트는 따로 관리하는 것이 좋겠습니다. 다 풀고 난 다음, 기억해야 할 오답은 오답노트에 옮겨 적어서 따로 정리하도록 하십시오.

13 어떤 단체에서 장미 27송이, 백합 36송이, 튤립 45송이를 몇 사람에게 똑같이 나누어 주려고 한다. 가능한 한 많은 사람에게 나누어 주려고 할 때, 몇 명에게 나누어 줄 수 있는지 구하여라. *9명*

14 가로의 길이가 4cm, 세로의 길이가 6cm, 높이가 15cm인 직육면체의 벽돌이 있다. 이것을 같은 방향으로 놓고 쌓아서 가장 작은 정육면체를 만들려고 한다. 다음 물음에 답하여라.

(1) 만들려고 하는 정육면체의 한 변의 길이는 몇 cm인지 구하여라. *60cm*

(2) 벽돌은 모두 몇 장이 필요한지 구하여라.

15 4, 5, 6 어느 수로 나누어도 나머지가 항상 2인 세 자리 자연수 중에서 가장 작은 수를 구하여라. *62*

16 6으로 나누면 5가 남고, 5로 나누면 4가 남고, 4로 나누면 3이 남는 세 자리의 자연수 중 가장 큰 수를 구하여라. *61*

<table>
<tr><td>Tip</td></tr>
<tr><td>나머지의 규칙을 찾으면 모두 나누는 수보다 1이 부족하다. '가장 큰 수'라는 말이 있다고 해서 항상 최대공약수를 구하는 문제인 것은 아님을 주의하자.</td></tr>
</table>

교재에 풀이과정 적기

138

오답에 당당히 맞서라!

문제를 틀리는 것은 기분 좋은 일이 아닙니다. 그래서 우리의 평범한 친구들은 오답을 절대로 다시 봐서는 안 될 것으로 취급합니다. 그러니 틀린 것을 또 틀립니다. 특히 수학은 그러한 현상이 심합니다. 틀린 만한 유형의 문제가 나오면 주눅부터 들기 때문입니다. 오답에 당당히 맞서야 합니다.
다만 전체적인 성취도에 따라서 오답정리에 대한 기준이 다를 수 있습니다.

성취도가 70점 미만일 때

테스트나 숙제문제의 정답률이 70%를 넘지 않는 경우는 개념에 대한 이해가 아직 충분하지 않다는 것을 의미합니다. 아직 오답정리의 의미가 없는 것이 사실입니다.(코어가 형성되지 않았습니다!) 다시 기본으로 되돌아가십시오. 개념정립과 개념 확인 문제를 더 많이 풀어야 하겠습니다.

성취도가 70점에서 85점 미만일 때

이 범위의 아이들은 기본 개념은 확립하였으나, 다양한 응용문제를 다루기에는 아직 능숙하지 않은 단계입니다. 실수도 많고요. 모든 오답을 정리하기에는 너무 많은 시간이 소요될 수 있으므로, 진짜 이해 안 되는 문제(무슨 소리인지 모르겠는 문제나 특히 취약한 문제)를 집중적으로 연습해야 합니다. 비슷한 유형의 문제를 토 나오도록 풀어보아야 합니다.

성취도가 85점에 95점 일 때

이 범위의 아이들에게 오답 정리는 아주 효과적일 것입니다. 일단 모든 오답을 찾아서 정리합시다. 그리고 오답의 원인도 분석해야 합니다. 단순한 계산 실수였는지, 문제 이해를 잘 못했는지, 접근이 틀렸는지를 면밀히 분석하도록 해야 합니다. 이 범위에서 틀린 문제는 난도가 꽤 높은 문제일 수 있으므로 비슷한 유형의 더 어려운 문제를 연습하는 것이 중요합니다.

성취도가 95점 이상, 거의 100점일 때

이 범위의 아이들은 현재의 수준이 너무 쉬운 경우입니다. 더욱 어려운 심화 학습으로 학습욕구를 자극해야 합니다. 현재 공부하고 있는 수학교재의 레벨을 한 단계 높일 때입니다.

다양한 오답정리 방법

① '통합수학풀이노트'에 풀이하고, 동시에 오답 정리하기
② 교재에 풀이하고, 오답노트를 별도로 운영하는 방법
③ 교재에 풀이하고, 포스트 잇post it을 활용하는 방법

오답정리의 목적을 분명히 합시다

오답정리는 어떤 형태든 가능하나, 오답정리의 목적을 명확히 해야 합니다. 오답정리는 그 오답의 유형에 강해지기 위한 것이라는 것이며 결국, 같은 유형의 오답이 발생하지 않도록 하는 것입니다. 그러므로 오답정리 자체가 목적이 되어서는 안 됩니다. 특히 여학생 중에는 오답노트를 꾸미는 것에 지나치게 몰두하는 경향이 있는데, 그것은 바람직하지 못합니다. 중요한 것은 오답노트 예쁘게 꾸미기가 아니라 오답을 줄이는 것입니다.

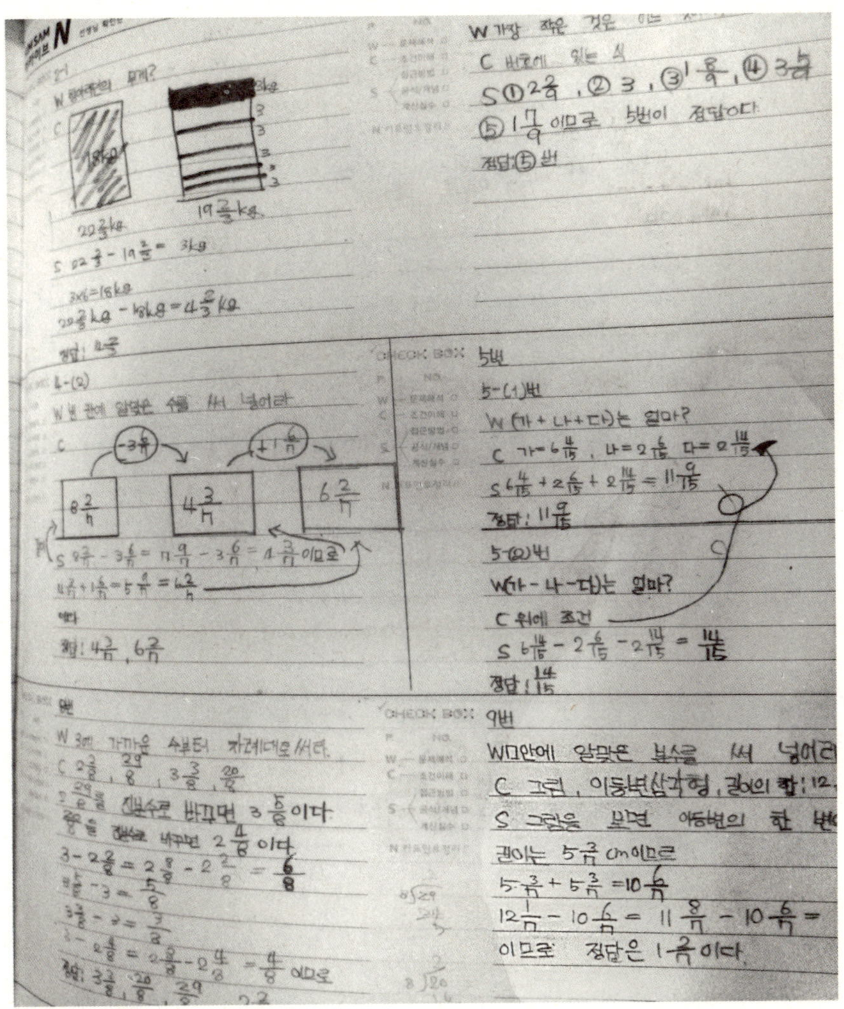

작성된 오답노트

좋은 풀이습관은 성공하는 수학공부를 위한 튼튼한 살을 채웁니다.

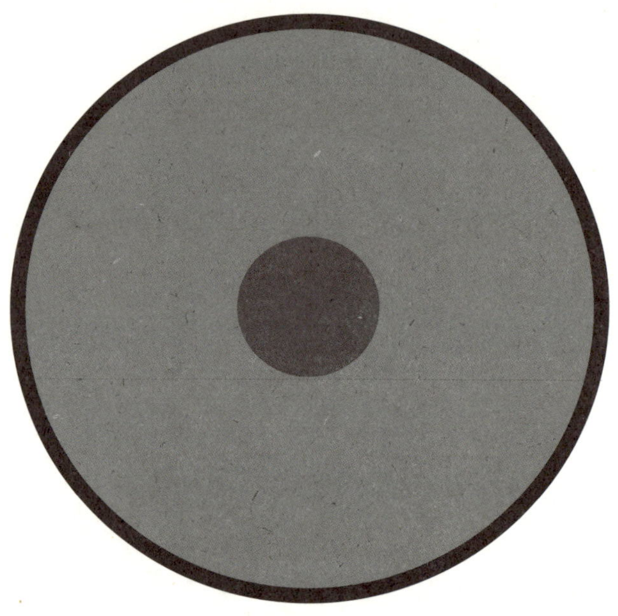

좋은 풀이습관을 위한 지도의 구체화 전략 세우기

1 환경의 조성

- 집에 이면지함이나 화이트보드를 설치한다.

- 수학풀이노트 전용 책꽂이를 지정한다.

- 수학풀이노트 한 권을 채울 때마다 부모님으로부터 상을 받는다.

2 행동계기 만들기

- 학교나 학원 선생님에게 수학풀이노트를 소개시키고 정기적으로 검사해달라고 한다.

- 오답문제를 포스트잇에 적은 후 거실 게시판에 붙여둔다.

3 체크리스트 활용하기

- 하루에 푼 문제의 수를 체크리스트에 적는다.

- 100문제 단위로 부모님으로부터 상을 받는다.

좋은 풀이 습관을 위한 여러분만의 구체화 전략을 세워 보세요!

환경의 조성

행동계기 만들기

체크리스트 활용하기

매일 매일 꾸준히!
개념을 확실히 잡고!
올바른 풀이 습관으로
다양한 문제를 풀어보자!

CHAPTER 4

아이가 수학 잘 하게 하는
부모의 습관

아이를 강제로 수학학원에 등록할 수 있습니다.

아이를 강제로 수학문제를 풀게 할 수는 있습니다.

하지만 아이가 진정으로 수학을 좋아하지 않는 이상

수학성적이 오르게 할 수는 없습니다.

그렇다고 아이가 혼자 하도록 내버려 두는 것은 더 위험합니다.

아이가 수학을 좋아하고 잘 하기위해서는

부모의 따뜻한 관심이 필요합니다.

가정 전체가 도와주어야 합니다.

집안 전체의 분위기도 중요합니다.

다만 아이의 수학 공부를 위해서 집안 전체가 희생한다고 생각할 필
요는 없습니다.

오히려 가정 전체의 성장이 될 지도 모를 일이기 때문입니다.

아이가 수학 잘 하게 만드는 부모의 마인드

당분간 수학성적에는 신경 쓰지 않기

물론 어렵다는 것은 압니다. 엄마의 모든 관심사가 여기에 있을 것이기 때문입니다. 하지만 당분간 아이들의 수학성적에는 신경 쓰지 맙시다. 그러려니 합시다. 수학은 꾸준함과 미련함으로 승부해야 하는 과목이기 때문입니다.

이제껏 우리 부모님들은 공부를 잘 하는 것과 성적이 좋은 것을 동일시 해 왔습니다. 공부를 했으면 성적으로 그 성과를 보기 원합니다. 하지만 이 등식 관계를 바꾸어야 할지도 모릅니다. 성적과 공부는 별개라고 생각해야 한다는 것입니다. 하임 G. 기너트Haim G. Ginott의 〈부모와 아이 사이Between Parent and Child〉에서도, 부모가 학교 성적에 너무나 열띤 관심을 가지고 개입하면, 아이의 자율성이 침해된다고 지적한 바 있습니다.
'공부는 성적과 상관없이 계속해야 하는 것입니다.'
공부를 성적과 연결시키기 시작하면 공부 자체 보다는 성적에 더 신경 쓰게 될 것입니다. 이렇게 되면 공부는 힘들고 하기 싫은 것이 되어 버리고, 성적으로 표시될 수 없거나 반영되지 않는 공부는 가치가 없는 것으로 생각합니다. 그 순간부터 공부의 기쁨은 사라지고 성적의 압박만이 남게 될 것입니다.

일선 학교에서조차도 이런 관행은 일반적인 것 같습니다. 모든 배움의 행위는 성적에 따라 결정됩니다. 수능에 들어가지 않는 과목의 경우에는 수업이 느슨해지거나 아예 이루어지지 않습니다. 부모들 역시 성적에 반영되지 않는 과목의 수업을 시간을 허비하는 것으로 여깁니다. 아이들도 똑같습니다.
"이거 시험에 들어가요?"
라고 묻습니다. 시험에 들어가지는 않지만 중요하다고 하면 이렇게 대꾸합니다.
"시험에 나오는 것만 해 주세요."
그러한 교육 환경에서 자라온 아이들이 배움에 대해, 진정한 공부에 대해 무엇을 느낄 수 있겠습니까.
공부는 성적과 상관없이 그 자체로 가치 있는 것이라는 것을 우리 아이들에게 가르쳐야 합니다. 공부란 우리에게 숨이 붙어 있는 한 지속되어야 하는 삶의 생존방식이기 때문입니다. 공부하기가 멈추면 삶도 지속할 수 없음을 가르쳐야 합니다. 삶의 가치는 살아있는 동안 어떤 방식으로 공부하는가에 달려 있기 때문입니다.
그런데 대부분의 부모들은 명문학교만 들어가면 공부할 필요가 없을 것이라고 말합니다. '구라'십니다. 그러니 아이들은 이 지긋지긋한 공부를 고3까지만 반짝하고 때려치우는 것입니다. 실제 하버드에 진학한 한국 학생들의 자퇴율이 40%에 육박하는 것은 이러한 공부에 대한 잘못된 인식에 기인한 것인지도 모릅니다.

따라서 당분간은 아이들과 공부는 같이 하되, 아이들이 받아 오는 성적표에 대해서는 철저히 무관심해져 봅시다. 아이들과 같이 토론하고, 설명하고, 조사하고, 필요하면 시험공부도 같이 해줄 수도 있지만 시험성적에 대해서는 철저히 눈과 귀를 닫아 봅시다. 잘 나와도, 잘 못 나오더라도 그러려니 하는 자세가 필요합니다. **중요한 것은 성적이 아니라 '시험이라는, 학교생활에서의 가장 중요한 이벤트'에서 최선을 다 했는가 입니다.**

그런데 보통 부모는 그 반대입니다. 공부 활동은 모두 다른 사람들(선생님이나 학원강사, 과외선생님 등)한테 맡겨 놓고는 그 결과로 나오는 성적에만 관심을 갖습니다.

"이번에 몇 등이야?"

"몇 개 틀렸어?"

"수학 몇 점이야?"

라고만 묻습니다. 그러니 아이들은 부모가 얄밉습니다. 한다고 했는데 성적은 초라하고, 가뜩이나 열 받아 있는 상태에서, 부모까지 아픈 곳을 건드리니 말입니다.

아이가 성적표를 받아오면 그냥 이렇게만 말합시다. "고생 많았다. 수고했다." 그 이상의 말은 필요 없습니다. '수학 잘 하는 습관'을 실천하는 과정을 통해 이미 많은 것을 얻었을 것이기 때문입니다. 그 다음에 받는 성적은 덤입니다. 시험을 치는 것은 아이이므로 스스로 모든 것을 책임질 수 있도록 부모는 뒤로 빠져 주어야 합니다. 엄마가 성적에 대해 지나치게 신경을 쓰기 시작하면, 그 성적은 이미 아이의 것이 아니라 엄마의 것이 되어버립니다. 그때부터 아이는 엄마를 의식하며 공부하게 됩니다. 즉, 학습의 주도권을 상실하게 되는 것입니다.

성적의 책임은 아이에게 있다는 것을 명심하십시오. 다만 성적 때문에 아이가 스트레스를 너무 심하게 받을 경우에만 나서서 조정해 주시기 바랍니다.

"괜찮아. 그건 아무 것도 아니란다. 하지만 실수는 하지 않도록 하자."

감정적인 거리 두기

두 개의 음정이 화음이 되기 위해서는 적절한 거리를 유지해야 합니다. 너무 가까이 붙어버리면 불협화음이 되거나, 음이 겹쳐서 구분이 되지 않을 것이기 때문입니다. 인간관계 또한 이러한 화음과 같습니다. 적절한 거리를 유지해야 건강하고 아름다운 관계가 지속될 수 있습니다. 갈등은 너무 가깝거나 너무 멀 때 발생합니다. 특히 가까운 관계일수록 상처를 더 쉽게 주고받으며, 그렇게 주고받은 상처는 더 아프고 오래갑니다. 마치 '고슴도치 딜레마'와 같습니다. 다가서면 다가설수록 자신이 가지고 있는 가시 때문에 서로에게 상처를 입히게 되는 것입니다.

특히 아이들과의 관계가 이렇게 될 가능성이 많습니다. 부모와 아이들은 감정적으로는 부부이상으로 가깝습니다. 실제로도 가깝고, 그리고 가까워야 한다는 강박에 사로잡혀 있기도 합니다. 물리적으로나 감정적으로 아이들로부터 떨어져 있다는 느낌이 들면 일종의 죄책감마저 느끼기도 합니다. 어쩌면 그것이 부모의 당연한 마음일 것입니다. 그래서 항상 같은 아픔과 같은 마음을 가지고 아이들을 바라보고 있습니다. 그 아이들의 삶에 완전히 함몰되어 갑니다. 그럴수록 아이들은 괴롭고 부모들은 혼란스럽습니다. 결국 아이들은 그런 부모들의 집착을 거부하게 될 것이고, 부모는 배신감을 느끼게 될 것입니다.

어떤 현상 속에 함몰되어 있으면 그 현상의 객관적 시각을 가지기가 힘듭니다. 지구 밖에 있어야 지구의 정확한 모습을, 비행기 밖에 있어야 비행기의 정확한 모습을 알 수 있듯, 우리 아이들을 교육함에 있어서도 그 상황 속에 휘둘리고 있으면 우리 아이의 정확한 모습을, 내가 지금 저지르고 있는 교육적이지 못한 실수들을 정확히 깨닫지 못할 수가 있습니다. 그러지 않기 위해서는 현상에서 떨어져서 제3자의 시각에서 보려고 하는 노력이 필요하다는 것입니다.

제3자의 시각을 가지기 위해서는 세 가지가 필요한데, 지식, 상상력, 공감능력이 그것들입니다. 우선, 우리아이에 대한, 교육에 대한 지식이 있어야 하고, 나와 우리아이와의 상황을 상상력을 동원하여 조명해보고, 공감능력을 동원하여 아이와의 건강하고도 적절한 거리를 유지하여야 합니다. 그러기 위해서는 인내심과 절제력, 끊임없는 연구와 공부가 병행되어야 합니다. 어렵습니다. 하지만 아이뿐만 아니라 가까운 사람들과의 원만한 관계를 유지하는데 있어서 필수적입니다.

다시 한 번 더 강조하지만, 아이를 사랑할수록 아이들에게서 떨어져 있어야 합니다. 아이의 자존감도 중요하지만 부모의 자존감도 그에 못지않게 중요하기 때문입니다. 부모의 자존감이 강해야 아이들의 자존감도 강해집니다. 부모들의 존재이유가 아이가 되어서는 안 됩니다. 그러면 자칫 무너지기 쉽습니다. "너 하나 보고 산다."는 부모의 삶만큼 위태한 것도 없습니다.
하버드대 교육대학원 교수인 조세핀 킴Josephine M. Kim의 〈우리아이 자존감의 비밀〉이라는 책 서문에서도 저자는 같은 이야기를 합니다.

"강연장이나 상담실에서 만난 엄마들은 그 어느 나라 엄마들보다 아이의 삶에 깊이 관여하고 있었다. 그러면서 자신의 삶을 송두리째 아이에게 쏟고 있었다. 그래서 아이가 주는 행복에 세상 모든 것을 얻은 듯 의기양양해 하다가도, 반대로 아이가 기대치에서 벗어나면 그대로 주저앉을 듯 위태로워 보였다."

우연히, 우리나라 장애인 1호 박사로, 미 백악관 정책차관보를 지냈다가 2012년에 췌장암으로 작고한 고(故) 강영우 박사의 이야기를 신문에서 읽다가, 그의 슬픈 가족사로 한동안 끄윽 거리며 울었던 기억이 납니다. 강영우 박사는 중학교 시절 축구공에 맞아 실명하게 됩니다. 그 충격으로 그의 어머니는 그 해에 죽고, 그의 누이도 이듬해 과로사로 숨지고 맙니다.

그렇게 눈물이 났던 이유는 그 어머니의 마음이 어렴풋이나마 이해가 되었기 때문이었습니다. 남편을 잃은 강영우 박사의 어머니는 강영우 박사를 당연히 그녀 삶의 전부로 삼았을 것입니다. 공부를 잘 하고 효심이 지극했던 강영우 박사는 문자 그대로 '그녀의 모든 것'이었을 것입니다. 그런 그가 불의의 사고로 평생 장님으로 살아야 한다는 현실 앞에서 그녀는 죽음보다 더 큰 고통을, 온 세상 전체가 무너져 내리는 경험을 했을 것입니다. 만약, 그녀가 강영우 박사로부터 감정적으로 조금만 거리가 있었다면 그렇게 허무하게 죽지는 않았을 것이라는 생각이 들었습니다.

아이의 인생은 아이의 인생이고, 부모의 인생은 부모의 인생입니다.

아이의 불완전함 인정하기

한 번은 우리 아이가 어떻게 자랐으면 좋겠는지를 종합해 본 적이 있었습니다.

우선, 키는 평균 이상으로 커야 한다. 아주 잘 생겨서(혹은 예뻐서) 얼굴값할 정도는 아니더라도 훈남, 훈녀 정도는 되어야 하고, 인사성은 지나치게 밝아서 주위 어른들로부터 칭찬도 받아야 한다. 대인관계는 좋아서 친구들을 리

드할 수 있을 정도는 되어야 하지만 너무 나대면 안 된다. 머리는 지나치게 좋아서 주위 어른들이나 선생님들이 부담을 느낄 정도이지만 부모 앞에서는 한없이 어수룩하고, 거짓말은 죽어도 못해야 한다. 머리가 창의적이고 톡톡 튀면서도 반대로 무식하게 집요한 면이 있어서 자기가 해야 하는 일은 무슨 일이 있더라도 끝내야 하는 강단이 있어야 한다. 예·체능 쪽에도 소질이 꽤 있지만 그 쪽으로 나가고 싶어 하지는 않아야 한다.

자, 이 정도 되면 거의 사이보그 수준입니다. 완벽한 DNA를 추출하여 완벽하게 성장시킨 유전자 조작 아이라면 가능할지도 모르겠네요.
아이에 대해서 이러한 꿈을 가지고 있는 부모라면, 아이를 키우면서 실망할 거리만 남게 될 것입니다. 차이는 한꺼번에 크게 실망하느냐, 하나씩, 조금씩, 차근차근 실망하느냐, 실망하는 시기가 초등학교 때냐, 중학교, 고등학교 때냐의 차이일 뿐입니다.

프라모델 조립을 하고 놀던 시절에, 조립하다가 뭔가가 잘못되면 처음부터 다시 하고 싶어집니다. 문제가 있는 상태에서 조립을 끝내보았자 완벽한 작품이 나오지 않을 것이기 때문입니다. 도자기를 만드는 장인들도 범인(凡人)이 보기에는 멀쩡하고 예쁜 도자기를 가차 없이 깨 버립니다. 장인이라는 자신의 권위에 부합되지 않는 졸작이라는 이유 때문일 것입니다.
아이가 이러한 프라모델이나 도자기처럼 완벽해야 한다고 생각하는 부모들이 있습니다. 아이가 완벽해야 한다는 생각이나 집착은 아이를 부모의 소유물로 생각하고 있다는 증거입니다. 그 완벽의 기준이 주로 부모의 기준이기 때문입니다. 아이는 프라모델이나 도자기가 아닙니다. 그들의 인생이, 그들의 외모가, 그들의 학업수준이 마음에 들지 않는다고 갈아엎거나 깨 버릴 수 없습니다. 그것은 그들의 인생이기 때문입니다. 부모에게는 그럴 권리 자체가 없습니다.

어차피 인간이라는 존재 자체가 불완전합니다. 우리 어른들이 어른이 되었어도 여전히 불완전한 것처럼 말입니다. 하물며 성장하고 있는 아이들이 불완전하고 어설프고 유치한 것은 당연합니다. 오히려 성장 중인 아이가 완벽하다면, 그 아이가 이상하거나 부모가 정상이 아닐 것입니다. 그런데 어떤 부모는 자신들도 불완전하면서 아이가 완벽하기를 원합니다. 부모 자신도 소유하고 있지 못한 인내심이나 절제력, 정리 정돈하는 습관, 무결점의 도덕심을 소유하기를 원합니다. 그리고 그것에 흠집이 나면 부모 스스로 절망하고, 낙망하며, 아이를 필요 이상으로 야단하거나 비난하거나 협박합니다. 그것은 부모가 건강한 자존감을 갖고 있지 못할 때 나타나는 현상이기도 합니다.

이 세상 모든 아이는 불완전합니다. 그것은 우리 어른들이 여전히 불완전한 것과 같습니다. 아이의 실수가 똑같이 반복되더라도 '어설픈 녀석'이라거나 '구제불능'이라고 욕해서는 안 됩니다. 우리 어른들도 똑같은 실수를 반복하지 않습니까.

대신, 기다려주고 인내해서 그런 실수를 스스로 줄이려고 노력하도록 격려해야 합니다. 아이의 불완전성과 어설픔을 인정하고 관용하지 못한다면 아이와는 평생 원수처럼 지내야 할 것이 분명합니다.

있는 그대로 인정해주기

아이들의 성향이나 적성, 능력을 먼저 결정짓는 것은 환경보다는 유전자입니다. 유전자는 양쪽 부모로부터 물려받은 유전형질에 의해서 발현되는 것이기 때문에 태어날 때부터 이미 정해져 있습니다. 이 유전자는 생각보다 강력해서, 아이들의 외모뿐만 아니라 성격, 학습형태, 재능도 다 결정되어 있다고 해도 과언이 아닙니다.

어떤 아이들은 외향적이고 사교적이며, 어떤 아이들은 내성적이며 자기중심적일 수 있습니다. 활동수준이 높은 아이도 있고 낮은 아이도 있습니다. 주의가 산만한 아이가 있고, 어른보다 침착한 아이도 있습니다. 행동이 빠른 아이가 있고 속이 터질 정도로 느린 아이도 있습니다. 주의집중력이 높은 아이들도 있고 주의집중력이 낮은 아이들도 있습니다. 그것은 다양성의 문제이지 옳고 그름의 문제가 아닙니다.

그러므로 나쁜 성격이나 좋은 성격, 나쁜 성향이나 좋은 성향은 있을 수 없습니다. 그것은 모두 아이의 특징일 뿐입니다. 〈EBS다큐프라임〉 '당신의 성격'에서는, 우리가 흔히 장애라고 생각하는 'ADHD(주의력결핍/과잉행동장애)'마저도 그 아이의 특징일 뿐이지 고쳐야 할 장애가 아니라고 강조합니다. 그러한 아이들을 주로 가르치는 미국의 헌터스쿨 킴 자일 교장은 이렇게 말합니다.

"주의력결핍장애를 고치려는 것은 옳지 않아요. 아이의 장점을 파괴하니까요. 우리는 주의력결핍장애를 강점으로 보고 있어요. 그러한 강점을 기반으로 교육을 합니다."

따라서 산만한 것, 내성적인 것, 행동이 느린 것, 말을 많이 하는 것을 '나쁜 것'으로 규정해서 억지로 고치려 해서는 안 됩니다. 부모가 보기에 아이의 단점으로 보이는 것이 반대로 그 아이의 또 다른 장점으로 발현될 수 있는 기본이 될지도 모르기 때문입니다. 중요한 것은 아이의 성향을 있는 그대로 인정해주고, 그것을 통하여 나머지 부족한 부분을 보충할 수 있도록 격려해야 합니다. 조급한 마음에 아이의 성향을 억지로 되돌리다가 있는 장점까지 소멸할 수 있습니다.

아이들과 눈높이 맞추기

아이들이 성장하면서, 그리고 학교를 다니게 되면서 질문이라는 것을 하게 될 것입니다. 이때 부모들은 아이들의 질문을 잘 받아주어야 합니다. 아이들이 스스로 하는 질문에 대한 응대를 잘못하면 의사소통이 완전히 단절될 수 있기 때문입니다. 아이들이 스스럼없이 부모들과 질문을 주고받고 토론할 수 있으려면 부모의 눈높이가 아이들의 눈높이에 가 있어야 합니다.

어른의 시각을 강조하거나, 부모의 어릴 때 이야기나, 부모의 개인적인 의견이나 취향을 강요하다보면 세대차이만 확실히 각인시키는 꼴이 될 것입니다. 아이들이 탄력적으로 사고할 수 있으려면 아이들의 의견이나 질문이 아무리 유치하더라도 일단 인정하고 존중해 주어야 합니다.

"네가 아직 뭘 모르는구나."

"네가 크면 다 알게 될 거야."

"무식한 소리 좀 하지 마."

이러한 표현은 부모와의 대화를 단절 시킵니다. 아이가 아무리 유치한 질문을 하더라도 절대 이렇게 말해서는 안 됩니다.

"넌 이것도 모르니?"

"학교에서 이런 것도 안 가르쳐주던?"

또 아이들의 질문에 답을 해줄 때도 그렇습니다. 어른들의 단어로 아주 빠르게 설명해버리고는,

"알겠지?"

라며 눈을 부라립니다. 아이들은 당연히 모릅니다. 다시 설명해달라고 하면 특히 아빠들은 금세 인내심의 바닥을 드러내 보입니다. 두 번째 설명할 때는 언성이 높아지거나 어조가 딱딱해집니다. 한 번 더 설명해달라면 혼날 줄 알라는 듯 한 표정으로 아이들을 노려보면서 말입니다.

아이들의 질문에 답할 때의 부모는 무한한 인내심의 화신이 되어야 합니다. 아이들에게 뭔가를 설명할 때는 천천히, 아이들이 이해할 수 있는 단어를 골라 사용해야 합니다. 그것이 기술입니다.

"이렇게 쉬운 것을 왜 이해 못하니?"

라고 말 하거나, 설명하려다 말고 한 숨을 푹 쉬면 아이들은 생각합니다.

"엄마나 아빠한테 질문하면 안 되는 거구나…"

그 이후로 질문은커녕 더 이상 부모와 대화조차 하지 않으려 할지도 모릅니다. 아이들은 부모가 자신을 바보로 여긴다고 생각할 것이기 때문입니다.

단어, 지적 수준, 말의 속도를 아이들의 눈높이에 맞추어야 합니다. 아이들의 질문에 진지하게 대답하고 모르면 같이 찾아보는 성실함이 필요합니다. 특히 수학문제를 들이댈 때는 겁먹지 말고 같이 머리를 맞대고 풀어봅시다. 부모가 풀어주지 못하더라도, 아이들은 부모가 함께 수학문제를 어려워했다는 데 대해서 위로를 얻습니다. 그때부터 아이들은 부모에게 질문하는 것이 어색하지 않고 자연스럽게 됩니다. 그러면 이 세상의 온갖 것들이 부모와 아이 사이의 대화 주제가 될 수 있는 것입니다.

홍수는 왜 일어나는지, 프로 선수들의 연봉은 왜 그렇게 높은지, 아프리카는 왜 항상 더운지, 우리나라가 왜 일본의 식민지가 되었는지, 혹은 식민지라는

것이 무엇인지, 왜 한 나라가 다른 나라를 식민지로 만들려고 했는지. 정작 부모조차도 생각하지 못했던 질문을 하기 시작합니다. 그러면서 아이 뿐만 아니라 부모도 지적으로 성장하는 것입니다. 이런 것들이 대화입니다. 이 세상에 대해, 책에 대해, 문화에 대해, 음악에 대해, 그림에 대해, 역사에 대해 묻고 답하고 토론하는 것이 대화입니다.

아빠더러 아이들과 대화하라고 하면 대뜸,

"요즘 공부 잘하냐?"

"요즘 몇 등해?"

"용돈 좀 더 줄까?"

"컴퓨터 게임 좀 줄여."

이딴 게 대화가 아니라는 것입니다.

아이가 수학 잘 하게 만드는 부모의 언어

잔소리 대신 대화하기

부모의 잔소리는 아이들과의 관계를 단절시키는 데 가장 효과적인 방법입니다. 어떤 말을 '잔소리'로 정의하느냐에 있어서 말하는 사람의 입장과 듣는 사람의 입장 차이가 너무나 큽니다. 부모 입장에서는 잔소리가 아니라 '관심' 혹은 '훈계'라고 여기겠지만 아이들 입장에서는 모조리 '잔소리'로 인식되어서 머릿속 휴지통으로 직행할 것입니다.

실제로, 상대방의 언어를 잔소리로 인식하기 시작하면 의사소통이 거의 되지 않습니다. 단절만이 생길 뿐입니다. 그럴수록 서로에게 점점 더 공격적이 되고, 서로를 비난하게 되며, 결국 감정의 골만 깊어질 것입니다.

단언컨대, '잔소리'로는 아이들은 절대 바뀌지 않습니다. 겉으로는 바뀌는 것 같아 보여도 그 상황만을 모면하기 위한 눈속임일 가능성이 많습니다. 따라서 잔소리를 하나 안 하나 마찬가지라면, 그 때문에 오히려 관계만 더 악화된다면, 차라리 잔소리를 '아예'하지 않는 것이 더 낫습니다.

자, 그러면 어떻게 해야 '잔소리'로 오인되지 않고 아이들에게 하고 싶은 말을 할 수 있을까요. 아주 사소한 방법에서 차이가 납니다. 내용이 아니라 말하는 방식의 문제입니다. 타이밍과 사용하는 단어에도 신경 써야 합니다.

잔소리는 콜라, 대화는 물

흔들어서 뚜껑을 따면 폭발하는 콜라처럼, 아이들의 잘못된 행동으로 화가 날 때 바로 반응해서 몰아붙이면 잔소리가 됩니다. 대신 흔들어도 터지지 않고 찰랑거리는 물처럼, 혼낼 것과 훈계할 내용을 정리하고 흥분을 가라앉힌 상태에서의 꾸지람이어야 합니다.

잔소리는 비난, 대화는 해결

아이들의 잘못에 대해 비난하기는 너무 쉽습니다. 감정대로 퍼부으면 됩니다. 하지만 그것은 아이들의 머리에서 반사될 뿐입니다.

"제 정신이니?"

"미쳤니?"

"집에 일찍 들어오는 꼴을 못 보겠구나!"

대신, 같이 고민하고 해결책을 찾으려 하는 것이 대화입니다. 그 과정에서 서로를 공감하고 이해하는 능력이 길러지기 때문입니다.

잔소리는 You-Message, 대화는 I-Message

잔소리는 너, 너, 너라고만 합니다. 네가 어떻고, 네가 잘못이고, 네가 문제라는 것입니다. 항상 아이를 비난하고 판단합니다. 반면, 대화는 내가 이러하다, 내가 이런 상태이다, 내게 문제가 있는 것은 아닐까, 그래서 우리 같이 고민해보자는 진솔한 마음을 드러내 보이는 것입니다.

잔소리는 감정적 발산, 대화는 지적 수용

잔소리는 무분별하게 감정을 발산해서 아이에게 상처를 입힙니다. 그것도 걸러지지 않고 정제되지 않은 아픈 언어를 비수처럼 날려 아이의 마음에 생채기를 냅니다. 반면, 대화는 상대방의 비수를 조용히 품어주는 수용입니다. "그렇게 힘들었구나" 라고 말하며 너그러이 받아주고 품어주는 마음입니다.

잔소리는 부사, 대화는 접속사

잔소리는 '항상', '언제나', '늘', '한번도' 같은 부사를 남발해서 듣는 사람의 감정을 자극합니다. 반면 대화는 '그렇지만', '그래도', '그리고', '그럼에도 불구하고' 같은 접속사를 써서 대화할 공간을 주고 건강한 대화를 유지시킵니다.

잔소리는 "어떻게 그럴 수 있니?", 대화는 "그럴 수도 있어"

잔소리는 "어떻게 그럴 수 있니?"라며 일찌감치 마음의 벽을 쳐버립니다. 절대 이해하지 못하겠다는 단정이기 때문입니다. 반면, 대화는 "그럴 수도 있어"라는 '쿠션'을 만들어 줍니다.

다음 상황을 통해 잔소리와 대화를 구별하여 봅시다.

- 아이가 숙제를 하지 않고 빈둥거릴 때,
  - 잔소리: 너 숙제 안하고 뭐해? 응? 시간이 남아도니?
  - 대화: 지금 무슨 시간이더라?

- 숙제 안 해왔다고 학원 선생님한테서 전화 왔을 때.
  - 잔소리: 너 일루 와봐! 왜 숙제를 안 해! 왜? 죽을래?

-대화: 하루에 숙제가 얼마나 되는지 우리 이야기 한 번 해보자. 너무 많은 건 아닌지 걱정이 돼서 그래.

• 아이가 자꾸 소지품을 잃어버릴 때.

-잔소리: 너 자꾸 잃어버리면 다시는 안 사준다!

-대화: 소지품을 두는 장소를 정해두면 쉽게 잃어버리지 않아.

• 아이가 뭔가를 깨뜨렸을 때.

-잔소리: 이번에는 뭘 또 깼니? 다 깨버려!

-대화: 다치지 않았니? 조심해서 치우도록 해.

• 아이가 연락도 없이 늦었을 때.

-잔소리: 전화는 뒀다 뭐해? 손가락 부러졌어? 번호 못 눌러?

-대화: 이렇게 늦으면 엄마가 많이 걱정이 돼.

• 아이가 상장을 받아왔을 때.

-잔소리: 그거 다 주는 거니? 웬일이냐? 네가 상을 다 받다니!

-대화: 우와! 대단한데? 항상 열심히 하는 네가 자랑스러워.

• 말을 잘 듣지 않을 때, 똑 같은 실수를 반복할 때.

-잔소리: 도대체 왜 그래! 왜? 나를 무시하는 거니? 응?

-대화: 네가 말을 듣지 않으니까, 내가 너무 속상하고 화가 나.

I-메시지로 피드백 하기

앞에서 잔소리가 아닌 대화를 하라고 했습니다. 그리고 그 대화기법의 전통적이고도 중요한 테크닉이 'I-메시지'입니다. 이 기법은 상대방의 입장을 존중하면서도 화자(話者)의 입장과 상대방이 개선해야 할 부분들을 건강하게 피력하는 방법입니다. 과정은 이렇습니다.

상대방의 객관적인 사실 명시
→ 나의 기분, 상황, 상태 설명
→ 이렇게 해주면 좋겠다는 바람의 표현

아이가 학교에 준비물을 챙겨가지 않았을 경우, I-메시지일 때와 I-메시지가 아닐 때의 차이점을 살펴봅시다.

I-메시지가 아닌 경우
"너 오늘도 준비물 챙겨가지 않았더구나. 넌 도대체 학교에 무슨 생각으로 다니는 거니? 왜 챙겨가지 않은 거야? 왜? 왜? 계속 그럴 거면 학교 때려치워!"

무엇이 느껴지나요? 감정부사와 의문부사, 극단적 처방을 쏟아 내고 있습니다. '오늘도'라는 부사를 사용해서 전에도 그런 일이 있음을 암시합니다.(분명 '오늘도'라는 표현을 쓰면 "어제는 안 그랬어!"라며 말꼬리 잡기가 시작될 것이 분명합니다.) '넌 도대체'라는 말을 사용해서 '넌 구제불능이다'는 말을 하고 있습니다. 아무 의미 없는 '왜'라는 의문 부사를 사용해서 아이의 말문을 막아버립니다. '학교 때려치워!'라는 표현으로 아이를 위협하고 절망감을 줍니다. 이런 식으로 말하면, 말하는 사람의 입장에서야 시원하겠지만 그 말을 듣고 있는 아이는 지독한 불안함을 느끼게 됩니다.

I-메시지는 정말 훈련이 필요합니다. 감정의 절제가 절대적으로 선행되어야 하기 때문입니다. 그렇다면 I-메시지는 어떻게 말하는 것일까요.

I-메시지

"너 오늘 준비물 챙겨가지 못했더라. 학교에서 제대로 수업에 참여하지 못한 것 같아 걱정이 돼. 앞으로는 준비물이 있으면 미리 내게 말해주거나, 스스로 챙겨갔으면 좋겠어."

여기서는 '오늘도'가 아니라 '오늘'이라는 단어를 사용하여 오늘의 실수만을 언급하고 있습니다. 평상시에는 잘 하다가 오늘만 그렇다는 느낌을 줌으로써 감정을 공격하지 않고 말꼬리를 잡히지 않게 합니다. 그런 다음 '내가 어떠하다'고 말합니다. '너'를 비난하고자 하는 마음이 없다는 의미입니다. "앞으로 ~했으면 좋겠다"는 말로 해결책을 제시합니다.

물론 이렇게 말했다고해서 바로 당장 행동이 바뀌지 않을 수 있습니다. 내일도 여전히 준비물을 챙겨가지 않을 수도 있습니다. 하지만 적어도, 아이와의 관계가 나빠지거나, 아이가 상처를 받지는 않습니다. 그것이 중요합니다.

아빠들에게 I-메시지를 사용하라고 했더니 가끔 이런 식으로 말하더군요.

"내가 어렸을 때는 말이지…"

"나로 말할 것 같으면…"

미안하지만 그건 I-메시지가 아니라 그냥 '지 자랑'입니다.

칭찬을 달고 살기

아이의 아주 미묘한 성장이나 변화에도 칭찬을 주어야 합니다. 수학은 그렇습니다. 감정에 너무나 큰 영향을 받습니다. 부모가 신경질적인 목소리로 닦달할수록 수학성적은 떨어질 것이 분명합니다. 글씨가 반듯해지면 글씨가 반듯해졌다고, 풀이과정이 나아졌으면 나아졌다고, 그때그때의 작은 성장에 대해서 구체적으로 칭찬해 주어야 합니다. 특히 아이가 슬럼프에 있을 때나 수학성적이 정체되어 있을 때에도 쉬지 말고 격려해야 합니다.

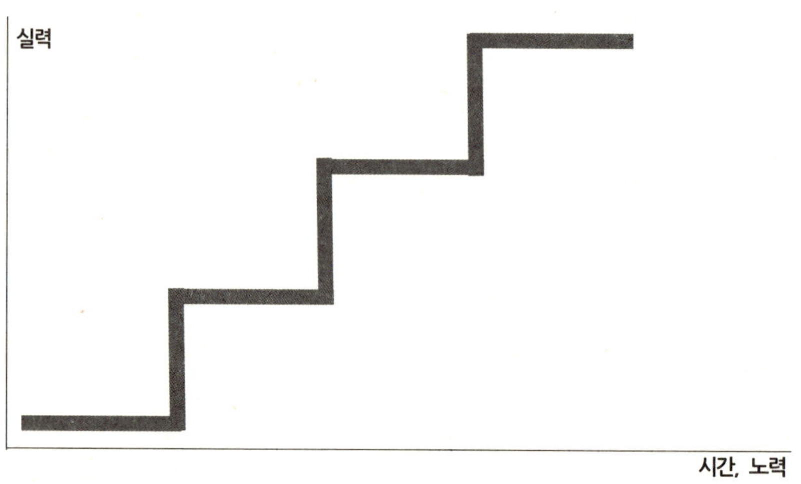

위의 그림은 시간과 노력에 비례해 일반적으로 실력이 어떻게 향상되는지를 보여주는 그래프입니다. 우리가 일반적으로 생각하기에, 매일 노력하면 매일 조금씩 조금씩 나아질 것이라고 생각하지만 사실은 그렇지 않습니다. 그림과 같이 계단식으로 성장합니다. 자전거나 기타를 배울 때를 생각해 보십시오. 아무리 연습해도 똑같은 것 같습니다. 몇날 며칠을 연습하는 데도 제대로 되지 않습니다. 그러다가 어느 날 거짓말같이 됩니다. 그것은 순식간에 일어납니다. 바로 한 계단을 올라선 것입니다.

그렇게 한 계단을 올라서기까지, 아무리 노력해도 실력에 변화가 없는 기간이 있습니다. 사실은 그 기간이 중요합니다. 실력의 향상은 그 정체된 것 같이 보이는 시간 동안 이루어진 시간과 노력에 대한 결실이기 때문입니다. 거기서 포기하거나 조급해 하기 시작하면 실력의 향상은 더욱 이루어지기 힘듭니다.

그런데 우리 엄마들은 어떠신가요? 그 실력의 정체기간을 참지 못합니다. 왜 더 열심히 하지 않느냐며 아이를 다그치거나, 학교나 학원 선생님을 탓합니다. 심지어 학원을 바꾸거나 선생님을 바꿉니다. 결국 한 단계 성장할 수 있는 발판을 치워버리는 꼴이 됩니다. 대신, 실력이 정체되어 있는 시간을 아이들이 잘 견디도록 충분히 격려하고 끊임없이 칭찬해 주어야 하겠습니다.

칭찬, 제대로 하기

앞에서 나는 아이들에게 끊임없이 칭찬하라고 하였습니다. 그런데 칭찬은 좋은 것이긴 하지만 모든 칭찬이 다 좋은 것은 아니라는 것에 유의해야 합니다. 제대로 된 칭찬만 좋은 것입니다. 적절하지 못한 칭찬은 오히려 아이들에게 독이 됩니다. 특히 아빠들의 무조건적이고 무분별하고 생각 없는 칭찬은 아이를 망칠 수 있습니다.

EBS다큐프라임, 〈학교란 무엇인가〉라는 다큐멘터리에서 실제로 실험을 해

보았습니다. 아이들을 두 모둠으로 나누어서, 비슷한 수준의 문제를 풀렸습니다. 모두들 거뜬히 풀 수 있는 쉬운 문제들이었습니다. 그 과정에서 A모둠의 아이들에게는 다음과 같이 칭찬했습니다.

"머리가 좋구나."

"참 똑똑하다."

반면 B모둠의 아이들에게는 다음과 같이 칭찬했습니다.

"차근차근 풀었구나."

"실수하지 않고 열심히 했구나."

그런 후 그 아이들을 다시 불러서는, 다음에 풀 문제를 두 종류 중에서 선택하게 했습니다. 하나는 아까 풀었던 것과 비슷한 수준의 문제이고, 다른 하나는 아까보다 어려운 문제라고 일러 주었습니다. 아이들은 어떤 선택을 했을까요. 그런데 놀라운 현상이 일어납니다.

마치 약속이나 한 듯이, B모둠의 아이들은 더 어려운 문제를 푸는데 주저하지 않은 반면, A모둠의 아이들은 하나같이 모두 아까와 비슷한 수준의 문제를 풀겠다고 답했습니다. 왜 이런 현상이 벌어진 것일까요?

이유는 머리가 좋다는 칭찬, 똑똑하다는 칭찬이 아이들에게 오히려 불안감을 주었기 때문이었습니다. 머리가 좋다는, 똑똑하다는 타인의 평가를 깨뜨리지 않아야겠다는 중압감이 생겨서 소심해지고 실패를 두려워하게 된 것입니다.

"이렇게 빨리 풀다니 넌 수학천재구나."(×)

→ 나는 수학천재가 아니라는 불안감이 생긴다.

"이런 식으로 식을 세웠구나. 독특한 방법이다."(○)

"그림도 잘 그리네. 넌 어쩜 못하는 게 없니?"(×)

→ 나는 모든 것을 잘 해야 한다는 불안감이 생긴다.

"빨간색에 노란색을 대비시키니 산뜻하다."(○)

"넌 정말 천재적인 작가야!"(×)

→ 나는 천재적인 작가가 아니라는 불안감이 생긴다.

"여기서 이런 단어는 네가 전달하려는 의미를 잘 나타내주는 것 같은데."(○)

공전의 베스트셀러였던 〈칭찬은 고래를 춤추게 한다Whale Done〉는 칭찬이 가지는 긍정적인 효과를 범고래의 사례를 들어서 아주 재미있고 효과적으로 잘 설명해주었습니다. 범고래를 춤추게 하는 것은 채찍질과 호통이 아니라, 잘할 때마다 주어지는 신선한 물고기, 즉 칭찬이라는 것입니다. 이 책은 '칭찬'의 중요성에 대한 하나의 고전이 되었습니다.

하지만 우리 아이들은 조련사에 의해 훈련되어서 다른 사람들 앞에서 쇼를 해야 하는 돌고래가 아닙니다. 넓은 바다를 헤엄치며 자신의 삶을 스스로 살아가야 하는 존재입니다. 청중의 박수소리와 조련사가 던져주는 달콤한 먹이에 삶을 쇼처럼 살아야 하는 존재가 아니라, 캄캄하고 적막한, 때로는 천적이 노리는 위험한 대양 속을 힘차게 가로지르며 살아가야 하는 존재입니다.

결국 칭찬(신선한 물고기)과 박수소리가 끊어지면 고래들은 움직이려 하지 않을 것입니다. 저 망망한 대양을 향해 나아가지 않을 것이 분명합니다. 마찬가지로 부모의 무분별하고도, 고민 없이 이루어진 달콤한 칭찬에 길들여진 아이들이 맞이해야 하는 세상은 너무나도 가혹할 것입니다. 부모는 끊임없이 칭찬했겠지만 세상은 끊임없이 우리 아이들을 거절할 것이기 때문입니다. 부모가 남발했던 말랑말랑하고 뽀송뽀송했던 칭찬들과는 전혀 차원이 다른, 아무릎게나 내뱉어지는 평가와 비난이 아이들을 난도질할 것입니다. 그 두 세상 사이에서 느껴질 자신에 대한 평가의 차이를 아이들은 극복해야 합니다. 불행하게도, 혹독한 세상의 평가 앞에서 부모로부터 받아왔던 그 모든 칭찬들은 그대로 아이들에게 독이 되어버릴 것입니다.

여기서 아이들을 붙잡아 주는 것이 바로 '자존감'입니다. 이 자존감은 세상의 어떤 비난과 평가에도 꿋꿋이 서는 힘입니다. 이것이 없으면 아이들은 무너집니다. 요즘 들어 부쩍, 아이들의 자살률이 높아지는 것은, 어떻게 보면 '칭찬'의 긍정적인 효과들이 발표되고, 부모들이 이 칭찬을 너무나 열심히, 너무나 정직하게 실천한 것 때문이 아닐까 하는, 추측(물론, 근거는 없습니다.)을 하게 됩니다.

우리 어른들은 칭찬보다는 호된 꾸지람이나 욕을 들으며, 심지어는 회초리를 맞으며 자랐습니다. 그래서 부모로부터 받는 트라우마나 상처가 심했고, 그런 부모들을 미워하면서 자랐을 수도 있습니다. 하지만 내면에는 완벽히 이해되지 않는, 무엇인지 모를 굳건한 심지가 박혀있었습니다. 그래서 세상의 그 어떤 평가나 거절에도 굳건히 설 수 있었던 것이었는지도 모릅니다.

물론, 아이들에게 욕을 하고, 비난의 말을 퍼부으라는 것은 절대 아닙니다. 칭찬은 여전히 중요하고 효과적인 동기부여 수단입니다. 다만, 그 칭찬이 올바른 것이어야 하고, 적절해야 한다는 것입니다.

다정하지만 단호하게 말하기

아이들을 키우는 부모는 아이들에게 거절해야 할 때가 많습니다. 거절을 당한 아이들 중에는 하늘이 무너지는 듯 한 표정으로 실망감을 표현하거나, 짜증을 내거나, 문제를 일으키는 경우가 있습니다. 여기서 부모의 반응은 대체로 두 가지의 형태로 나누어집니다. 그 하나는 거절을 포기하는 것이고, 다른 하나는 아이를 조지는 것입니다.

'내가 이것도 아이들한테 해 주지 못하면 부모로서의 자격이 없는 거야.'라고 생각하거나 혹은 반대로, "못해준다면 그런 줄 알지. 왜 신경질이야?"라며 아이들을 쥐 잡듯 잡습니다. 주로, 대형마트 장난감 코너에서 이러한 양 극단의 모습을 자주 보게 됩니다. 한 아이는 커다란 장난감을 품에 안은 채 행복해하고, 다른 아이는 바닥에 드러누워 땡깡을 부리다가 엄마한테 질질 끌려갑니다.

여기서 부모는 다정하지만 단호하게 말하는 방법을 찾아야 합니다. 우리나라 부모는 흔히 이 두 가지를 혼동하는데, 단호한 것을 화를 내는 것이라고 생각하고, 다정한 것을 모든 것을 허용하는 것이라고 생각합니다. 하지만 다정하다, 다정하지 않다는 것은 정이 많고 적음을 나타내는 심성에 관한 것이고, 단호하다, 단호하지 않다는 것은 의사소통에 관한 것입니다. 전혀 다른 문제입니다. 그러므로 아이의 요청에 대해 단호하게 거절할 때에도 아이를 사랑하는 마음에는 변함이 없음을 표시해 주어야 합니다. 이것이 단호하지만 다정함에는 말하는 방법입니다.

하지만 우리나라 부모들은 그 둘을 잘 구분하지 못합니다. 아이에게 거절의 말을 할 때 부모 자신도 속상하기 때문입니다. 그 속상한 감정을 아이한테 쏟아 부어 버립니다. 그러니 아이는 거절당함에 상처받고, 부모가 자신을 미워할지도 모른다는 사실에도 상처를 받습니다.

그 반대도 비슷합니다. 이 경우는 '무조건적 허용과 수용'만을 사랑의 표현이라고 생각합니다. 그러니 허용과 수용이 이루어지지 않는 사랑은 사랑이 아니라고 생각합니다. 하지만 아이를 사랑하기 때문에 모든 것을 허용하는 것은 아이를 가장 확실히 망치는 길입니다. 아무리 돈이 많아도 안 되는 것은 안 되는 것입니다. 아무리 사랑해도 야단할 것은 따끔하게 야단해야 합니다.

해결방법 제시하기

실수로 아이가 물건을 깨뜨렸을 때 가장 좋지 않은 경우는 그 깨진 물건에 집중할 때입니다.

"너 이게 얼마짜린 줄 아니?"

혹은 아이의 행동을 비난 하는 경우입니다.

"넌 왜 그렇게 조심성이 없니? 집안에선 장난치지 말라고 몇 번을 얘기했니?"

그러면 아이는 깨진 물건보다도 못한 존재가 되어 버립니다.

가장 바람직한 것은 아이에게 해결책을 제시하는 것입니다.

"다치지 않게 깨진 물건을 치우도록 하자. 어떻게 해야 할까."

그리고는 앞으로 좀 더 조심할 것을 당부합니다.

아이들은 아이들입니다. 앞으로도 계속, 어쩌면 항상, 잘못이나 실수를 저지를 것입니다. 그때마다 속상한 감정으로 아이를 몰아붙여서는 안 됩니다. 다만 그러한 잘못과 실수를 다시 반복하지 않도록 주의를 주고, 그 해결책을 같이 고민하도록 해야 합니다. 그리고 그 해결은 직접 하도록 내버려 두십시오.

우리 둘째는 다소 덤벙대는 편입니다. 소지품을 잘 잃어버립니다. 학교 갈 때에도 뭔가를 자꾸 빠뜨립니다. 그러니 엄마의 잔소리가 심해지지 않을 수 없습니다. 그럴 때마다 '엄마의 속상한 감정이라는 엔진'을 달고 있는, 비난 조의 어휘들이 슝슝거리며 아이의 가슴팍으로 박혀 들어가는 게 보입니다.

아무 의미 없는 잔소리 보다는 해결 방법을 같이 고민해 보는 것이 훨씬 낫습니다.
"또 잃어버렸니? 내가 못 살아. 도대체 몇 번째야? 응? 넌 엄마 말을 뭐로 듣니? 응?"
이런 식으로 말하는 대신 다음과 같이 말하면 어떨까요.
"아빠도 중요한 물건 잃어버린 적이 있었어. 그래서 물건을 넣어두는 주머니를 정해 두는 거지. 안주머니에는 지갑, 뒷주머니에는 손수건, 앞주머니에는 열쇠. 이런 식으로 정해두면 주머니를 툭툭 건드리는 것만으로 뭐가 있고, 뭐가 없는지를 알 수 있단다."
이러한 소소하지만 유용한 삶의 지혜를 아이들과 함께 나누어 보십시오. 그렇게 아빠로부터 친절히 전수받은 삶의 지혜는 아이들의 일생을 통해 기억되고 재생산될 것입니다.

경청, 말을 따라해 주기

유아기 일 때 아이는 행동이 폭발하는 시기입니다. 잡고, 먹고, 일어나고, 기어 다니다가, 걷다가 이내 뛰어다닙니다. 그러다가 아동기가 되면 언어가 폭발합니다. 이때의 아이들은 말을 하고 싶어서 입이 근질거립니다.

똑같은 질문을 반복해서 하기도 하고, 서로 말을 하겠다고 싸우기도 합니다. 아이들끼리 말하는 것을 들으면 웃기기도 하고 유치하기도 합니다. 아이들은 그런 과정을 통해서 감정을 경험하고 제어하기도 하며 어휘와 표현력을 연마하게 됩니다. 그러므로 부모는 절대 이렇게 말해서는 안 됩니다.

"쓸데없는 말 하지 마!"

사실 쓸데없는 말이 아닙니다.

그리고 아이들이 말을 할 때 그 내용에 대해 섣불리 판단을 내려서는 안 됩니다. 특히 비난이나 무시는 절대 금물입니다.

"모르면 가만히 있어!"

"네가 뭘 안다고 그래?"

"무슨 터무니없는 소리야?"

혹은,

"똑같은 질문 하지 마!"

똑같은 질문이 아닐 수 있습니다. 아이들은 어휘력이나 표현력이 부족하기 때문에 진짜 묻고 싶은 것과 질문 내용이 다를 수 있습니다. 그러므로 똑같은 질문을 계속 반복하는 것처럼 보이는 것입니다. 그럴 때 부모는 질문을 조금씩 수정해 주어야 합니다.

"네가 알고 싶은 것이 혹시 이게 아니니?"

아이들이 말을 많이 할 때, 시끄럽게 떠들고 놀 때, 그때를 놓치지 말고 충분히 대화해야 합니다. 입에 쇳덩어리를 달게 될 날이 오기 전에 말입니다. 그 시기를 미리부터 앞당길 필요는 없지 않겠습니까. 그러므로 부모는 아이들의 말에 귀를 기울이고 경청함으로써 충분히 말할 수 있도록 해 주어야 합니다. 그런데 문제는, 아빠라는 종족은 경청을 그저 가만히 듣고 있는 것으로만 생각하거나 혹은 반대로 반드시 뭔가 조치를 취해야 한다고 생각하는 경향이 있다는 것입니다.

그냥 가만히 듣고 있는 것은 듣는 것이 아니라 무시하는 것입니다. 말하는 사람을 투명인간 취급하는 것이나 다름없습니다. 애기 좀 봐 달랬더니 팔짱 끼고 애기가 노는 것을 마냥 쳐다보는 것과 같습니다. 반대로, 들은 내용에 대해 바로 어떠한 조치를 취해야 한다고 생각하는 것도 문제입니다. 대뜸 이렇게 묻습니다.

"그래, 내가 뭘 해주면 되는 거지?"

특별히 해줄 것이 없다고 하면, "그럼 그 이야기를 왜 내게 말하는 거지?"라고 반문합니다. 실로 아빠들로부터 제대로 된 경청의 자세를 보기란 떨어지는 별똥별을 볼 확률과 거의 비슷하지 싶습니다.

제대로 된 경청은 들은 말에 대해 적절한 피드백을 해 주는 것입니다. 남자들은 이것을 매우 귀찮아하고 힘들어 합니다. 가장 쉬운 방법은 "그랬구나"라고 맞장구 쳐주는 것일 뿐인데도 말입니다. 안 되면 연습해야 합니다. 거기에다가 아이가 했던 말을 한 번 더 반복해주면 됩니다. 그러면 없던 공감 능력도 생깁니다. 연습해 봅시다.

"숙제가 많아서 힘들어, 아빠."

　"숙제가 많긴 뭐가 많다고 그래?"(×)

　"잔소리 하지 말고 빨리 하기나 해!"(×)

　"내가 숙제하는 것 도와줄까?"(×)

　"그렇구나, 숙제가 많구나."(○)

"아빠! 누나가 내게 나쁜 말 했어!"

　"누나가 그럴 리 없어!"(×)

　"네가 뭘 또 잘 못 했겠지!"(×)

　"내가 뭐 어쩌라고."(×)

　"난 안했다."(×)

　"누나 불러와!"(×)

　"그래? 누나가 나쁜 말 했다고?"(○)

공부하라고 확실히 말하기

아이들이 가장 듣기 싫어하는 말이 "공부하라"일 것입니다. 그러니 부모들은 아이들에게 "공부하라"고 말할 때 일종의 죄책감을 느낄 정도가 되어 버렸습니다. 하지만 '공부'는 "공부하라"고 노래를 불러도 될 만큼 중요한 일입니다. 단, 조건이 있습니다. 공부를 성적과 연결시키지 않는 한 그렇습니다.(이 부분은 앞에서 설명했습니다.) 공부가 성적과 연결되어 있는 상황에서 "공부하라"는 말은 공부해서 성적 좀 올리라는 말이 됩니다. 그래서 부모 좀 기쁘게 해 달라는 말이 됩니다. 그리고 부모는 "공부하라"고 노래를 부르면서 정작 자신들은 하루에 책 한 장도 들춰보지 않고, TV시청이나 인터넷 고스톱, 스마트폰 게임으로 시간을 펑펑 허비합니다. 그러니 "공부하라"는 너무나 소중한 메시지는 아이들에게 '잔소리'로 분류되어 버리는 비극을 초래하는 것입니다.

반대로, 공부에 있어서 지나치게 감상적으로 아이를 대하는 것도 문제입니다. 이런 식으로 말입니다.

"공부한다고 고생이 많지?"

"공부 지긋지긋하지? 좀 놀아."

"허구한 날 공부, 공부, 공부! 힘들기도 할 거야."

"어휴! 가방 무게 좀 봐."

공부에 대한 이러한 언급들은 아이들과 공감하기 위한 목적일 수는 있겠으나, 은연중에 아이들에게 공부에 대한 잘못된 인식을 심어주게 됩니다. 즉, 공부는 '힘든 것', '지긋지긋한 것', '힘들지만 억지로라도 해야 하는 것', '엄마 아빠도 과거에 싫어했고 잘하지 못했던 것'이라는 것입니다.

하지만 평생 공부해야 한다는 관점에서 보면 이러한 공부에 대한 아무런 근거 없는 부정적이고도 염세적인 인식은 아이들을 힘들게 할 뿐, 아무런 도움이 되지 않습니다. 주로 감상적인 언론이나 일부 교육 전문가들이 공부해야 하는 아이들을 불쌍하다, 거기에서 해방시켜주자라며 선동질을 하는데, 그분들이 우리 아이들의 인생을 책임져 줄 것이 아니라면 닥치시라고 말씀드리고 싶습니다.

대신, 공부의 가치, 공부의 기쁨, 공부의 엄청난 파워를 가르쳐야 합니다. 공부는 재미있고, 가치 있고, 강력하다는 것을 실천으로 보여주어야 합니다. 그 어떤 일을 하든 상관없이, 지독히 공부해야 한다는 것은 오히려 기쁨이고 구원임을 보여주어야 합니다. 문명화된 사회에서 아이들이 하는 공부는 절대

적으로 필요합니다. 그러니 정확히 말해주어야 합니다. 너희들이 할 일은 '공부'라고!

소리 지르지 않기

아이들을 야단할 수 있고 혼낼 수 있습니다. 심할 때는 매를 들 수도 있습니다. 그러나 그 과정에서 절대 소리를 질러서는 안 됩니다. 소리를 지르는 것은 전혀 다른 문제이기 때문입니다. 그것은 아이의 따귀를 예고 없이 때리는 것과 같습니다.

특히 아빠들은 절대 소리를 질러서는 안 됩니다. 그런데 소리를 지를 가능성이 많습니다. 남자들은 평소에 언어적인 순환이 잘 이루어지지 않기 때문이죠. 언어적 스트레스를 쌓아두다가 일시에 폭발하게 되는 것입니다. 아빠가 집안에서 소리를 지르기 시작하면 아이들은 자연히 아빠를 멀리하게 될 것입니다. 소리 지름은 관계를 깨뜨리는 가장 치명적인 요소입니다.

소리 지르는 것도 습관입니다. 소리를 지르는 사람이 지릅니다. 습관은 길들이기 나름입니다. 소리 지름으로 인해 얻는 쾌감은 5분 정도 밖에 지속되지 않습니다. 그 이후에는 심한 자책감과 미안한 마음이 밀려듭니다. 소리 지르는 것으로는 아무 것도 얻을 수 없습니다. 그러니 차근차근 말하는 것을 통해 문제를 해결하려고 노력하십시오.

괜찮다고 말해주기

보통 아이가 어릴 때는 '괜찮다'는 말을 자주 해줍니다. 아이가 걸음마를 배우다가 넘어지기라도 하면 얼른 달려가 안아주며 괜찮다고 말해줍니다. 똥을 싸도 괜찮다고 해줍니다. 찡찡거려도 괜찮다고 합니다. 이 시기의 부모는 무한한 인내심의 화신입니다. 부모는 그것이 당연하다고 생각합니다. 아이가 태어난 것만으로도 감사할 일이며 감격스럽기 때문입니다. 하지만 이 감격스러움은 그리 오래 가지 못합니다.

세월이 흐르고 아이들이 자라서 초등학생, 중학생이 되었습니다. 아이도 부모도 변해 버렸습니다. 더 이상 부모는 인내하지도 기다려주지도 않게 되었습니다. 괜찮다는 말 대신,

"큰일이다."

"너 어쩔래?"

"이래서 되겠니?"

이런 말을 하기 시작합니다. 아이들이 말을 듣지 않아서 큰 일, 성적이 떨어져서 큰 일, 나쁜 친구들 때문에 큰 일, 숙제를 안 해서 큰 일… 죄다 큰 일뿐입니다.

아이들은 스스로 무엇이 문제인지 압니다. 하지만 인정하고 싶지 않을 뿐이지요. 고쳐야 하고, 더 노력해야 하고, 부모님 실망시키지 않아야 한다는 것도 다 압니다. 하지만 부모로부터 '큰일이다'라는 말을 들을 때마다 왠지 속이 상하고 마음이 안 좋아집니다. 한번쯤은, 그래도 가끔씩은 부모로부터,

"괜찮다 얘야. 괜찮아."

라는 말을 듣고 싶어 할지도 모릅니다. 설령 그것이 진짜 큰일이라 해도 말입니다. 부모로부터 괜찮다는 말을 워낙 듣지를 못하니 이젠 아이들이 직접 말하기 시작합니다.

"아~ 괜찮다고!"

"아~ 됐다고!"

아이들의 그런 신경질적인 말에는 제발 자꾸 큰일이라고 하지 말라고, 간섭하지 말라고, 잔소리하지 말라고 하는 것 같습니다. 하지만 부모들은

"괜찮긴 뭐가 괜찮아?"

라며 소리를 버럭 지릅니다. 그러니 아이들은 이제 더 이상 부모하고는 대화가 통하지 않는다고 생각합니다.

자, 눈 딱 감고 이렇게 말해봅시다.

"괜찮다."

진짜 큰일처럼 보이더라도,

"괜찮아."

그리고는 꼭 끌어안고는 이렇게 말해 봅시다.

"정말, 괜찮아. 정말 사랑해."

태어난 아이를 처음으로 품에 안았던 때처럼 말입니다. 모든 것을 다 받아주고 이해해주고 기다려주었던 때처럼 말입니다. 지금은 그때가 아니라고요? 지금이 제일 필요할 때인지도 모릅니다.

아이가 수학 잘 하게 만드는 부모의 태도

아빠의 귀차니즘 극복하기

이 세상에서 가장 귀찮은 일은 남이 시켜서 하는 일입니다. 그 중에도 아내가 시켜서 하는 일은 그렇지 않을 때보다 한 천만 배 정도 귀찮습니다.

"애 숙제 좀 봐줘!"

"수학 좀 가르쳐 줘."

"문제집 푼 거 좀 매겨줘."

"그리기 숙제 좀 도와줘."

이런 지시를 아내로부터 들으면 손가락 하나 까딱하기 싫어집니다. 하더라도 대충대충 해 버립니다. 빨리 TV 속으로 들어가거나, 소파와 일심동체가 되어야 하기 때문입니다. 이 '귀차니즘'에는 만족함이란 없습니다. 안온(安穩)함의 욕구는 거의 무한대기 때문이죠. 이 귀차니즘으로부터 벗어나는 길은 단 한가지뿐입니다. 정면 돌파! 소파나 TV앞에서 쉬는 것은 절대 쉬는 것이 아님을 우리의 아빠들은 알아야 합니다. 그럴수록 육체와 영혼은 퇴폐해져가고 엄마와의, 우리 아이들과의 관계는 멀어질 뿐입니다.

차라리 엄마가 시키기 전에 먼저 아이들과 함께 해 보십시오. 그런데 말이죠, 신기한 것은 일의 주도권이 자신에게 있으면 절대 귀찮거나 피곤하지 않다는 사실입니다. 아이들 교육에 대한 주도권을 아빠가 가지게 되면, 생각보다 재미있고 아이에 대한 책임감도 높아지게 됩니다. 엄마의 잔소리가 싹 사라져 버리는 것은 덤에 불과합니다. 실제로 한 번 해 보세요.

물론 퇴근해서 들어오면 손가락 하나 까딱하기도 쉽지 않을 것입니다. 이 상황에서 우리 아이들과 함께 뭘 한다는 것이 말처럼 쉽지는 않습니다. 그런데 사실은 그렇지가 않을 지도 모릅니다. 피곤한 마음과 몸은 소파에 널브러져 있음으로 해소되는 것이 아니기 때문입니다.

몸은 좀 피곤하더라도 아이들과 함께 무엇인가를 해보기 시작하면 그것도 '적응'됩니다. 모든 '부정적인 태도'에 관성이 있듯, 모든 '긍정적인 태도'에도 관성이 있기 때문이죠. TV리모컨을 던져버리고, 소파를 박차고 일어나 아이들과 함께 해 보십시오. 전혀 예상하지 못했던 에너지가 솟아날 것입니다. 재충전은 몸을 움직이지 않는 데서 이루어지는 것이 아니라, '전혀 다른 일'을 함으로써 이루어지기 때문입니다.

TV를 없앱시다!

TV시청이 인생의 전부이자 삶의 낙이라면 그것 또한 술, 담배만큼이나 좋지 않습니다. 퇴근 후 집에 들어오면서 아이들이나 아내보다 TV리모컨을 먼저 찾는다면 심각한 상태입니다. 가족들끼리 TV리모컨을 두고 싸우고 있는 상황이라면 진짜 문제입니다.

인생을 허비하는 가장 확실한 방법은 TV를 비롯한 사각형 미디어 화면에 자신을 통째로 내맡기는 것입니다. 소파에 드러누워 포테이토칩을 먹으며 TV화면에 영혼을 빼앗기는 '카우치 포테이토couch potato'만큼 퇴락하고도 나태한 삶은 없을 것입니다. 아빠가 그렇다면 아이들도 십중팔구 그런 인생을 살게 됩니다.

만약 이 세상에 음모론이 존재한다면, 아마 그 음모론의 주동자는 세상의 모든 사람들을 그런 식으로 조정할 것이 분명합니다. 자신은 아무 가치 없이 시간만 죽이게 하는 콘텐츠를 끊임없이 만들어 사람들을 속일 것이며, 사람들은 그 콘텐츠에 자신의 시간과 돈과 영혼을 빼앗기고 있을 것입니다.

내가 학원 강사, 학원 원장 시절에는 완전히 리모컨 족이었습니다. 늘 TV나 비디오를 봐야 했습니다. 밤새도록 한 손에는 TV 리모컨을, 다른 한 손에는 비디오 리모컨을 붙잡고 살았습니다. 그 결과는 퇴락하고 나태하고 공허한 삶이었고, 아내의 비난과 고름으로 팽팽해진 종기 같은 자괴감, 늘어나는 체중 같은 것뿐이었죠.

TV시청이 더 심각한 문제가 되는 이유는, TV를 시청하고 있는 동안에는 TV시청 이외의 모든 일들이 귀찮게 느껴진다는 것입니다. TV가 켜져 있으면 운동도, 독서도, 가족들과의 대화도, 집안일도, 심지어 밥 먹는 것조차도 제대로 할 수가 없습니다.

1998년에 나왔던 영화 〈트루먼쇼The Truman Show〉에서, 우리 모두가 불쌍히 여긴 사람은 자신이 TV 프로그램의 주인공인지도 모른 채 인생 전체를 그럴 듯 하게 꾸며진 TV 스튜디오 안에서 생활해야 했던 트루먼(짐 캐리Jim Carrey분)이었을 것입니다. 그러나 조금만 더 깊이 생각해 보면, 진짜 불쌍한 사람은 '트루먼'이 아니었습니다. 오히려 그 '트루먼쇼'라는 TV프로그램에 인생을 저당 잡힌 전 세계의 수많은 시청자들이었다는 생각이 듭니다. 그것도 24시간 생방송이니, '트루먼 쇼 보기(TV보기)'를 빼면 그들 인생에 과연 무엇이 남아 있을까요. 안 봐야지 안 봐야지 하면서도 어쩔 수 없이 TV를 켜야 하고 그럴수록 피폐해져 가고 공허해져만 가는 그들의 인생에는 오직 '트루먼'이 있을 뿐이지 않았을까요.

트루먼이 그 TV스튜디오 돔을 탈출할 때, 수많은 시청자들이 환호한 것은 트루먼에 대한 연민 때문이기도 했겠지만, 그들 자신이 트루먼으로부터 해방되었다는 이유 때문일 수도 있을 것입니다. 즉 TV로부터의 자유 말입니다. TV가 켜져 있는 동안 우리의 인생은 없는 것이 분명합니다. 대신, 연예인, 저명인사, 뉴스앵커, 기자, 야구선수들의 인생만 있을 뿐입니다.

자, 해결책은 간단합니다. 가장 극단적인 방법으로는 TV를 물리적으로 없애 버리는 것입니다. 그것보다 덜 극단적인 방법은 케이블을 해지하는 것이겠죠. 가장 쉬운 방법은 주중에는 TV리모컨에 손도 대지 않는 것입니다.(TV를 그냥 장식품이라고 생각하는 것입니다!)

일단! 우선! 무엇보다! 거실에서 TV를 없애는 것에서 시작합시다. 거실에 TV가 있으면 가족들의 활발한 의사소통은 커다란 지장을 받게 되거나 불가능해 질 것입니다. 아빠는 집에 돌아오자마자 리모컨을 찾게 될 것이고, 엄마와 아이들은 TV채널 때문에 싸우게 될 것입니다. 그러기 싫어서 방방마다 TV를 놔두게 되면 상황은 더욱 악화될 것이 뻔합니다. 아이들은 만화나 쇼 채널에, 어머니는 홈쇼핑이나 드라마 채널에, 아버지는 스포츠나 뉴스, 영화 채널에서 따로 따로 헤매고 있을 것이 분명합니다. 결국 가족들은 완전히 단절되어 버립니다.

TV는 대화와 시선의 블랙홀과 같습니다. TV가 켜져 있으면 시각과 청각은 온통 TV로 쏠리기 마련입니다. TV보는 것이 부모의 습관이나 유일한 낙이 라면 심각한 상황입니다. 담배를 끊듯, 도박을 끊듯, TV도 끊어야 합니다. 절제되지 않은 TV시청은 흡연하는 아버지의 담배연기만큼이나 해롭습니다. 시간을 정해놓고 본다? 그건 지켜지지 않을 가능성이 많을 것입니다. 아예 없애 버리는 것이 제일 좋습니다.

현 시대의 문명은 극히 이중적입니다. 가장 중독적인 요소를 만들어서 사람 을 끌어 모으는 것(시청률 경쟁)을 칭송하면서 동시에 그런 중독성향을 비판 하고 죄악시합니다. 그 위선적 문명의 총아가 바로 TV입니다. TV는 스스로 악마이면서 악마를 물리치려는 천사의 모습이 되려고 합니다. 거기에 현혹되 어서는 안 됩니다. 모든 악한 것을 선한 것으로 둔갑시키는 TV, 적어도 평 일에는 꺼 두자는 것입니다.

TV가 켜져 있으면 TV주위로 온통 답답한 먹구름이 끼어 있는 것 같지만, TV가 꺼져 있으면 삶의 의미가 햇빛 조각처럼 스며들 것입니다.

거실을 도서관으로

집에 공부하는 아이들이 있다면 적어도 집의 일부는 도서관으로 꾸며야 합 니다. 집이 아주 넓어서, 도서관을 따로 꾸밀 수 있는 방이 있다면 좋겠지만 대부분의 경우는 거실을 도서관으로 꾸며야 할 것입니다. 이때 가장 큰 걸림 돌이 부모가 거실을 어떻게 이해, 또는 받아들이는가, 즉 '거실관(觀)'입니다. 거실은 무조건 럭셔리luxury, 코지cozy 해야 한다는, 아름답고 고풍스러운 소파와 엔틱풍의 거실장, 고급스러운 티 테이블, 마니아 수준의 최고급 오디오 시스템 정도는 있어야 거실이지 그렇지 않으면 쪽방에 불과하다는 '거실관'을 갖고 있는 부모라면 참 실천하기 어려운 습관일수도 있습니다.

탁자와 책장

일단, 큼직한 탁자를 하나 삽시다. 그 크기는 거실의 크기에 따라 유동적이지만 인터넷서핑을 하다보면 아주 모던한 탁자가 눈에 들어올 것입니다. 가로 세로 치수를 보고 주문만 하면 됩니다. 친절하게 배달까지 해 줍니다. 보통은 다리를 조립해야 하지만 그리 어려운 일은 아닐 것입니다.

의자는 허리가 편해야 하므로 비싸더라도 괜찮은 걸로 구입하는 것이 좋습니다. 하지만 너무 안락의자같이 생긴 것은 비추입니다. 아이들의 자세가 나빠질 가능성이 많기 때문입니다. 의자에 바퀴가 달리지 않더라도 바르게 앉아서 공부할 수 있는 것이면 좋겠습니다.

문제는 책장입니다. 아파트라면 책장을 놓아야 할 자리에 빌트인 거실장이 있을 것입니다. 버려야 할지도 모릅니다. 우리 집은 버렸습니다. 그 자리에 기성품 책장 두 개를 놓았습니다. 기성품도 괜찮지만, 여유가 된다면 짜 맞추는 것을 권합니다. 굳이 TV를 거실에 세팅하겠다면 책장과 같은 면에 설치할지, 반대편에 설치할지를 결정해야 합니다. 보통 아파트의 경우에는 TV 설치할 면(즉, 전기 콘센트와 케이블 소켓, 인터넷 소켓이 모여 있는 벽면)이 아예 정해져 있을 것입니다. 그 쪽을 중심으로 TV를 설치하고 그 주위를 책장으로 짜 맞추어도 됩니다. 우리 집 거실에는 TV를 아예 두지 않았습니다. 대신 두 책장 사이에 프로젝터 스탠드를 설치하고 반대편 벽면을 완전히 비워두었습니다. 거기를 흰색 벽지로 도배를 했습니다. 이유는 그 벽이 영화스크린으로 사용될 것이기 때문이죠. 주말이면 프로젝터로 반대쪽 벽에 영화를 비추어 보면서 치킨을 먹는 것이 나와 우리 아이들의 낙입니다.

컴퓨터 설치

또한 인터넷이 연결된 컴퓨터도 설치해야 합니다. 요즘은 공부할 때 포털 서비스의 검색 기능을 많이 활용해야 하기 때문입니다. 주의할 점은 컴퓨터 모니터가 다른 곳에서 보이도록 설치해야 한다는 것입니다. 절대 은폐(隱蔽)되어서는 안 됩니다. 절대 아이들 방에 컴퓨터를 설치해서는 안 됩니다.(이것은 절대 타협하지 마십시오!)

화이트보드

화이트보드가 있으면 아이들과 함께 수학문제를 풀 때 효과적입니다. 공부할 때는 물론, 아이들이 지켜야 할 사항이나 숙제를 적어 둘 때도 요긴합니다. 다만, 너무 큰 것을 사면 거실이 너무 복잡해질 수 있습니다.(우리 집은 베란다의 안쪽 유리를 화이트보드처럼 만들었습니다. 유리 뒤편에 백색 전지 두 장을 붙이니 거대한 화이트보드가 되더라구요.)

조명기구

거실 천장 조명이 너무 어둡다면 탁자 위에 둘 수 있는 스탠드를 장만하도록 합니다.

거실의 환경 조성은 앞에서 설명했던 수학 잘 하는 습관을 실천하기 위해서 반드시 필요합니다. 돈을 조금 들이더라도 아주 쾌적한 공부 환경을 만들어 주어야 합니다. 아이들이 집에서 공부하는 것이 즐겁도록 만드는 것이 가장 중요한 포인트입니다.

같이 참여하라 ; 온 가족이 참여하는 공부 모드

"너는 수학문제 풀어." 라고 말하고는 부모들은 방안으로 들어가서 TV를 보거나, 아니면 스마트폰을 들여다보고 있지는 않은지 모르겠네요. 그렇게 하면서 아이들의 성적이 잘 나오기를 바란다면 역시 '도둑놈 심보'입니다.

TV를 없애고, 거실을 도서관으로 변화시켰다면 이제 식구 모두가 공부 모드로 변화되어야 합니다. 공부 하는 것이 특별한 것이 아니라 아주 일반적이고도 자연스러운 것이 되어야 합니다. 부모가 책을 읽거나 공부하거나 끊임없이 배우는 것이 특별하게 보여서는 안 됩니다. 자연스러운 가족의 풍경이 되어야 합니다.

교육은 어떻게 보면 종교와 같습니다. 교육자도 종교지도자 만큼 순수해야 합니다. 종교지도자에게 있어서 자신이 설파하는 것과 다른 삶을 사는 것이 바로 '타락'이고 '위선'입니다. 마찬가지로 교육자는 자신이 가르치는 것을 자신이 스스로 실천해야 합니다. 자신이 실천하지 못하는 것, 알지 못하는 것을 가르치는 것은 진정한 가르침이 아닙니다. 교육자로서 부모는 항상 그것을 조심해야 합니다.
"공부는 재미있는 것이란다."
라고 아이들한테 말해주기 위해서는 부모 스스로가 공부를 재미있어 해야 합니다. 그런데 어떤 부모는 아이들이 공부를 잘 하기를 바라면서 스스로는 공부를 끔찍해 합니다. 공부를 지긋지긋한 것으로 생각하면서도 아이들이 공부를 지긋지긋해 한다며 야단합니다. 결국은 자신을 속이고 동시에 아이들을 속이는 것입니다.

부모들은 공부에 대해, 배움에 대해 활짝 열려 있어야 합니다. 학교를 졸업하면 더 이상 공부가 필요 없다거나, 공부는 따분하거나 실생활에서는 쓸모없는 것이라는 생각을 가지고 있으면 그 생각이 은연중에 표시됩니다. 부모들 먼저 어떤 것이든 공부할 자세가 되어 있어야 합니다. 배우기를 즐기는 부모의 모습을 통해 아이들은 배웁니다. 그 겸손한 삶의 자세까지 배웁니다. 이 세상에는 스승이 참 많다는 것도 알게 될 것입니다.

따라서 아이들과 함께 공부해야 합니다. 항상 책을 가까이 하고, 관심 있는 것은 제대로 배우고 아이들과 함께 그 기쁨을 나누어야 합니다. 항상 배우고, 항상 공부하는 기쁨을 누리도록 가르쳐야 합니다. 그것은 삶 전체를 행복하게 해 줄 것입니다.

고재학의 〈부모라면 유대인처럼〉이라는 책에는 유대인들의 자녀교육 방법이 나옵니다. 유대인 아빠들은 아이들의 진정한 스승이라고 합니다. 자녀가 성인식을 치르기 전까지 학교교육과는 별도로 역사와 율법, 도덕을 '직접' 가르친다고 합니다. 이를 통해 아이들의 지적 호기심을 자극하고 동기 부여를 합니다. 특히 매주 금요일 일몰부터 토요일 일몰까지 지키는 안식일에는 텔레비전 시청은 물론, 운전까지 금하고 '철저히 집에 머물며' 독서와 토론으로 하루를 보냅니다. 즉, 유대인의 교육이 철저한 가정 중심이라는 점에서 학교 중심인 우리나라의 교육과 비교됩니다. 노벨상 수상자의 5분의 1이, 미국 아이비리그의 4분의 1이, 미국 억만장자의 40퍼센트가 유대인인 이유가 이러한 철저하고도 건강한 가정교육이 덕분이라는 추론이 가능합니다.

CHAPTER 5

김샘의 수학공부, 수학습관

1996년에 시작된 김샘의 수학교육은
수많은 시행착오와 함께
어떻게 하면 아이들이 수학을
효과적으로, 재미있게 배울 수 있을까에 대한
고민과 함께 생성되어왔습니다.
김샘학원의 모든 수업시스템과 수학교육 콘텐츠는
'제조'가 아니라
'진화'에 더 가깝습니다.

5단계 풀이법 ;

주도하여 생각하고 주도하여 풀이하기

수영을 처음 배울 때를 생각해 봅시다. 누군가가 수영을 잘 하려면 "음파"만 잘하면 된다고 했던가요. '음파'는 물론이고 정확한 자세가 중요합니다. 처음부터 마구잡이로 수영을 할 수는 있겠지만 그렇게 수영을 하게 되면 개헤엄으로 끝날 확률이 높습니다. 장기적으로 수영을 잘 하기 위해서는 처음부터 정확한 자세를 연마할 필요가 있습니다.

하지만 처음부터 정확한 자세로 수영하는 것은 무척 어렵습니다. 그래서 동작을 몇 단계로 나누어서 연습합니다. 발차기, 팔 동작, 숨쉬기를 조각조각 내어서 연습합니다. 초보자들은 이렇게 조각난 수영 동작 연습에 싫증을 느끼기 마련입니다. 이 시기의 수영 연습은 재미없습니다. 앞에서 말했던 '초보자 단계'이기 때문입니다.

그런 재미없는 연습이 충분이 이루어진 후에는 그 조각난 단계를 이어서 연속동작으로 연습합니다. 처음에는 잘 되지 않습니다. 자세도 엉성합니다. 하지만 적어도 스스로는 '자세가 어떠해야 한다'는 것을 알고 있으므로 끊임없이 연습하고 수정하고 또 연습합니다. 그리고 어느 순간! 수영이 됩니다! 그때부터는 재미가 붙기 시작합니다.

마찬가지로 김샘에서는 수영을 배우듯이 수학을 다섯 단계로 나누어서 접근하도록 훈련시킵니다. 수영과 마찬가지로 수학문제를 풀 때에도 정확한 자세가 중요하기 때문이죠. 이것을 우리는 '5단계풀이법'이라고 부릅니다. 물론 처음에는 어색하고 거추장스러울 수 있습니다. 하지만 그것이 익숙해지면 장기적으로 끊임없이 성장하게 됩니다. 그러면 수학이 재미있어 집니다. 그리고 스스로 하고 싶어집니다.(우리 어머님들의 가장 큰 소원입니다!)
또한, 단계별로 연습하는 것이 유익한 점은 스스로 취약한 부분이 무엇인지를 쉽게 파악할 수 있기 때문입니다. 수영 연습을 할 때 자신의 자세가 좋은지 나쁜지를(팔 뻗기가 조금 이상하다든지, 숨 쉬는 방법에 문제가 있다든지, 물을 찰 때 다리를 구부리고 있다는 것…) 바로 알 수 있는 것이 단계별로 연습했기 때문이듯이 말입니다.

자, 우리 아이들의 수학실력을 강하게 만드는 5단계풀이법에 대해 살펴보도록 하겠습니다.

5단계풀이법이란

W(What) : 묻는 것이 무엇인가?

C(Conditions) : 주어진 조건은?

S(Solution) : 문제풀기

N(Note) : 요약하고 반성하기

A(Applications) : 다른 문제풀이법 및 문제 응용력 배양하기

마음씨(만) 곱고 평범한 우리 대부분의 아이들은 수학문제를 풀 때 어디서부터 어떻게 손을 대야 하는지를 모르는 경우가 많습니다. 선생님이 방향을 잡아 주기만을 기다립니다. 이렇게 해서는 시험에서 좋은 성적을 얻기가 쉽지 않을 것입니다.

5단계풀이법은 어떤 유형의 문제가 나오더라도 아이들 스스로 체계적으로 생각할 수 있는 습관을 배양하고, 문제 해결 능력을 극대화 킬 수 있도록 단계별로 도와줍니다. 이를 통해, 아이들 스스로 어느 단계가 부족한지, 어디에서 실수를 했는지, 어떠한 포인트(아이디어)를 생각하지 못했는지를 반성하게 함으로써 장기적으로 '수학적 사고력'을 높이게 합니다.

더 나아가서는 아이들 스스로 출제자의 의도를 간파하고, 유사문제를 만들 수 있는 수준까지 성장시키는 것이 목적입니다. 즉, 수학에 대한 자신감과 질문에 대한 능동적이고도 적극적인 자세(습관)를 가지도록 하는 것입니다.

1단계: W(What) 묻는 것이 무엇인가?

당연한 질문이지만 아이들은 이 당연한 것을 놓칠 때가 의외로 많습니다. 수학문제를 보면서 딴 생각을 하거나, 지레짐작하거나, 아무 생각 없이 문제유형만 생각하고 마구잡이로 풀어버리는 경향 때문입니다. 관건은 바로 '생각'입니다. 생각하라는 것입니다. 이 문제에서 원하는 것이 무엇인가를 '생각'하고, 어떤 영역의 문제인지를 '생각'하고, 최종적으로 구해야 하는 답이 무엇인지 '생각'해야 합니다.

수학공부를 매일 매일 습관적으로 하기 위해서는 생각이 없어야 하지만, 수학문제에 맞설 때에는 엄청나게 많은 '생각'을 해야 한다는 의미입니다.

〈예제〉

창흠이네 반 남학생은 반 전체의 1/2보다 5명이 더 많고, 여학생은 반 전체의 1/3보다 3명이 더 많다. 창흠이네 반 학생은 모두 몇 명인가?

$\underline{W}$: 창흠이네 반 학생 수 $\longrightarrow x$

2단계: C(Conditions) 주어진 문제의 조건은 무엇인가?

구해야 하는 것이 무엇인가를 파악하였다면 이제는 그것을 구하기 위해서 문제 출제자가 제시한 조건을 파악해야 합니다. 그것은 문제에 드러나 있을 수도 있고, 숨어있을 수도 있습니다. 그것은 출제자와 우리 아이들의 기 싸움입니다. 조건을 쉽게 구할 수 있는 것은 쉬운 문제이고, 조건이 숨어 있거나 다른 형태로 되어 있으면 어려운 문제입니다.

중요한 것은 조건이 어떠한 형태로 되어 있든 그것을 수학적인 용어(식)로 바꿀 수 있어야 한다는 점입니다.

W 창흠이네 반 학생 수 $\longrightarrow x$

C 남학생은 반 전체의 1/2보다 5명이 더 많고

$\longrightarrow$ 남학생 수 $= \dfrac{1}{2}x + 5$

여학생은 반 전체의 1/3보다 3명이 더 많다

$\longrightarrow$ 여학생 수 $= \dfrac{1}{3}x + 3$

※숨어있는 조건!

$\longrightarrow$ 전체 반 학생 수 $=$ 남학생 수 $+$ 여학생 수

2단계에서의 관건은 문장을 식으로 표현할 수 있는가, 문제(출제자)에서 요구하는 식을 찾아내거나 구조화할 수 있는가 입니다.

3단계: S(Solution) 문제 풀기

(규칙성, 아이디어 발견, 풀이 전략, 통합개념 활용, 계산력 강화)

W(구해야 하는 것)와 C(조건)를 모두 파악했다면 이것들을 사용하여 문제를 푸는 과정입니다. 다른 말로 하면 '식을 세우고' 그 식의 '해'를 구하는 과정이라 할 수 있습니다.

1단계와 2단계의 과정을 이 3단계에서 구조화시키고 진행하는 단계로서, 5단계풀이법에서 가장 핵심적인 과정이라 할 수 있습니다. 수학적인 직관력이 요구되며, 필요하면 공식을 유추해낼 수도 있어야 합니다. 그리고 그것이 모두 준비되었으면 일사천리로 실수 없이 문제를 풀어나가야 합니다. 계산력의 중요성이 여기에서 발휘됩니다. 집중력도 필요합니다. 머리가 좋아도, 천부적인 수학적 사고력을 가지고 있어도 이 단계에서 실수하는 아이들이 많습니다. 훈련과 연습이 필요한 단계입니다.

W 창흠이네 반 학생 수 $\longrightarrow x$

C 남학생은 반 전체의 1/2보다 5명이 더 많고

$\longrightarrow$ 남학생 수 $= \dfrac{1}{2}x + 5$

여학생은 반 전체의 1/3보다 3명이 더 많다

$\longrightarrow$ 여학생 수 $= \dfrac{1}{3}x + 3$

※숨어있는 조건!

$\longrightarrow$ 전체 반 학생 수 = 남학생 수 + 여학생 수

$$\textsf{S} \quad x = \left(\frac{1}{2}x + 5\right) + \left(\frac{1}{3}x + 3\right)$$

$$x = \frac{1}{2}x + \frac{1}{3}x + 8$$

$$x = \frac{5}{6}x + 8$$

$$6x = 5x + 48$$

$$x = 48$$

$$\therefore \text{창흠이네 반 학생 수는 48명}$$

4단계: N(Note) 요약하기

(핵심요소, Key point, 풀이과정 반성 및 정리)

실제로 문제를 풀고 답을 도출해내는 과정은 1단계에서 3단계까지입니다. 이 단계만 완벽히 하더라도 수학문제 푸는 데는 부족함이 없을 것입니다. 학교에서 이루어지는 '서술형평가'도 이 과정만 평가하기 때문입니다. 그런데 김샘에서는 아이들에게 여기서 더 생각해 보자고 권합니다.

'4단계'는 요약하기입니다. 문제를 풀고 난 다음에 다시 한 번 문제를 살펴보는 과정입니다. 이 문제에서 출제자가 노렸던 핵심 포인트는 무엇인지, 규칙성이나 아이디어, 문제 해결의 실마리가 무엇이었는지 다시 한 번 더 점검합니다. 어디에서 막혔고, 어디가 가장 어려웠는지를 파악합니다. 비슷한 유형의 문제를 풀 경우에는 이렇게 하겠다는 전략을 생각해 내도록 합니다. 혹시 미처 몰랐던 공식도 정리해 둡니다. 이것은 바둑에서의 '복기(復碁)'의 과정이라 할 수 있겠습니다.

대부분의 아이들은 한 문제를 풀면 바로 다음 문제를 풀려고 덤벼듭니다. 하지만 한 문제를 풀더라도 이 문제의 가장 중요한 '핵심 포인트Key Point'가 무엇이었으며, 이 문제를 풀 때 무엇이 부족했는지를 스스로 돌아보는 시간을 갖는 것은 그렇게 하지 않는 것과 아주 큰 차이를 만들어냅니다. 이는 비슷한 유형의 문제를 다시 풀게 될 때 큰 도움이 됩니다.

W 창흠이네 반 학생 수 → x

C 남학생은 반 전체의 1/2보다 5명이 더 많고

→ 남학생 수 $= \dfrac{1}{2}x + 5$

여학생은 반 전체의 1/3보다 3명이 더 많다

→ 여학생 수 $= \dfrac{1}{3}x + 3$

※숨어있는 조건!

→ 전체 반 학생 수 = 남학생 수 + 여학생 수

S $x = \left(\dfrac{1}{2}x + 5\right) + \left(\dfrac{1}{3}x + 3\right)$

$x = \dfrac{1}{2}x + \dfrac{1}{3}x + 8$

$x = \dfrac{5}{6}x + 8$

$6x = 5x + 48$

$x = 48$

∴ 창흠이네 반 학생 수는 48명

N 숨어있는 조건을 파악할 것!

반 학생 수라는 것은 논리적으로 여학생 수와 남학생 수의 합이다!

5단계: A(Applications)

마지막 5단계에서는 아이들로 하여금 문제에서 고개를 들라고 가르칩니다. 지금까지 문제를 풀기 위해 그 문제에 집중하였다면, 이제부터는 거기에서 벗어나 시야를 넓히라는 것입니다. 지금까지 푼 방식과는 다른 풀이법이 있는지 생각해 보라고 권합니다. 또한 이것과 비슷한 유형의 문제를 구축해 보게도 합니다.

이 단계에서 아이들은 최종적으로 문제를 해결하는 최적의 방법을 찾게 되고, 이 문제를 다각적으로 해석하여 출제자의 의도를 알게 되는 단계에까지 가게 되는 것입니다.

W 창흠이네 반 학생 수 → x

C 남학생은 반 전체의 1/2보다 5명이 더 많고

→ 남학생 수 $= \dfrac{1}{2}x + 5$

여학생은 반 전체의 1/3보다 3명이 더 많다

→ 여학생 수 $= \dfrac{1}{3}x + 3$

※숨어있는 조건!

→ 전체 반 학생 수 = 남학생 수 + 여학생 수

S $x = \left(\dfrac{1}{2}x + 5\right) + \left(\dfrac{1}{3}x + 3\right)$

$x = \dfrac{1}{2}x + \dfrac{1}{3}x + 8$

$x = \dfrac{5}{6}x + 8$

$6x = 5x + 48$

$x = 48$

∴ 창흠이네 반 학생 수는 48명

N 숨어있는 조건의 파악!

A 도형으로 풀어보기

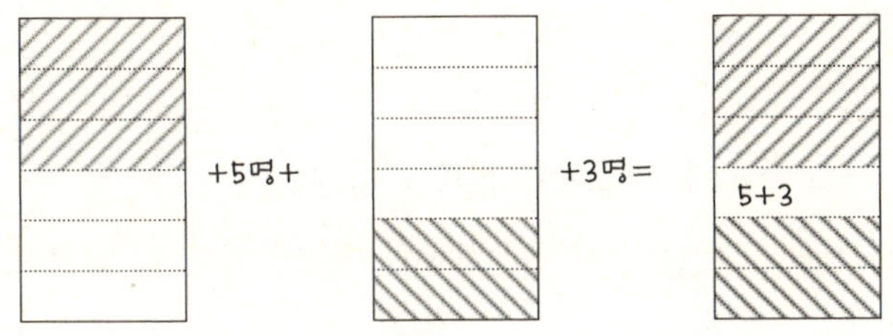

반 학생 수의 $\dfrac{1}{6}$ = 8명 이므로

∴ 반 학생 수는 48명

5단계 풀이법의 좋은 점

5단계풀이법은 아이들로 하여금 끊임없이 '왜', '무엇을', '어떻게' 등의 질문을 스스로 하게 합니다.

단계별화 되어 있음은 아이들 스스로 내가 어떤 부분이 약한지를 쉽게 파악할 수 있게 합니다. 즉, 이 문제를 풀지 못한 이유가 문제를 이해 못했기 때문인지, 공식을 몰랐기 때문인지, 계산 실수였는지를 스스로 파악하도록 하고, 그것을 정리할 수 있게 합니다. 문제를 단순히 문제 풀이가 아닌 자신을 성장시키는 발판으로 삼도록 만드는 것이죠.

W와 C단계에서는 아이들로 하여금 수학문제를 정확히 해석할 수 있는 능력을 배양합니다.

S단계에서는 규칙성이나 아이디어 같은 수학적 창의성과 호기심, 문제접근능력 및 계산력을 배양합니다.

N단계를 통해서는 자신이 부족한 부분과 문제의 핵심요소를 스스로 반복 학습하도록 해서 비슷한 유형의 문제들에 강해지도록 합니다.

A단계에서는 다양한 문제풀이 방법을 생각하게 하여, 사고의 확장 및 효율적 문제 해결 능력을 배양 합니다.

이러한 5단계풀이법을 반복적으로 연습하고 훈련함으로써, 아이들 스스로 '문제를 해석'하고, '해결'하고, 부족한 부분을 '반성'하고, 다른 풀이방법을 새롭게 '고민'하여 한 번도 보지 못한 유형이라 할지라도 '자신감' 있게, '자기주도적'으로 문제를 완벽히 풀 수 있도록 합니다.

이는 아이들의 수학적 머리를 근본적으로 바꾸어서 수학에 강해지도록, 더 나아가 수학을 즐기도록 만듭니다.

김샘 3종 테스트의 비밀 ;

아이들만의 시험이 아니다!

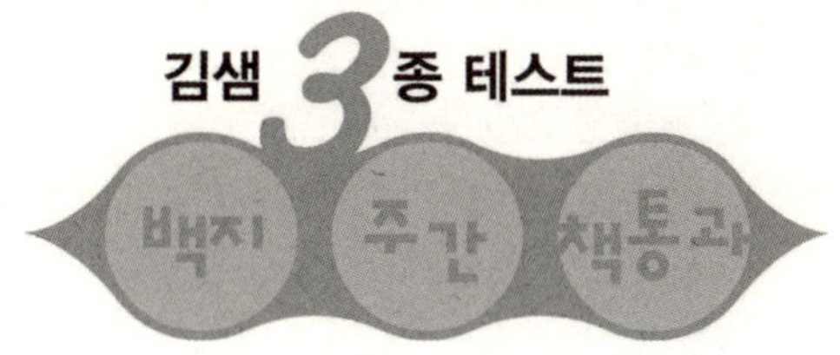

우리 김샘학원의 수학 교재는 한 권이 2주 분량이라는 특징을 가지고 있습니다. 그렇다면 교재가 참 얇겠죠? 당연히 얇습니다. 하지만 얇다고 얕보다가는 큰 일 납니다. 그 교재 한 권에는 항상 세 가지의 테스트가 따라 나오기 때문입니다. 이름 하여 '김샘 3종 테스트'라는 것인데요, 백지-주간-책통과 테스트를 통합하여 일컫는 말입니다.

2주 동안 교재 한 권을 끝내는 데 무려 세 번의 테스트를 치릅니다. 만약 테스트를 통과하지 못하게 되면 재시도 쳐야 하는 것은 당연합니다. 다소 부담이 되는 테스트를 왜 이렇게 자주 보는 것일까요?

워싱턴 대학의 심리학자들이 기억에 관한 실험을 했었는데요, 이렇게 진행되었습니다. 84명의 대학생들을 대상으로 큰부리새에 대한 생물학 공부를 하도록 한 후, 이들을 세 그룹으로 나누었습니다. 첫 번째 그룹은 그냥 집으로 돌려보냈고, 두 번째 그룹은 추가 수업을 듣게 했으며, 세 번째 그룹은 배운 내용에 대해 시험을 치르게 했답니다. 그리고 다음 날 이들을 다시 불러서 시험을 보게 했습니다. 결과는, 전날 시험을 본 그룹이 가장 높은 성적을 얻었다는 것입니다. 특이할 만 한 점은, 이들이 전반적인 내용의 이해도에 있어서도 다른 그룹보다 월등히 높았다고 합니다. 따라서 연구진들은 학생들의 기억력을 높이는 데 더 많이 가르치는 것보다는 시험을 치르는 것이 가장 효과적인 방법이라는 결론을 내렸습니다.

'시험'은 아이들을 괴롭히기 위한 것이 아니라 아이들의 기억력을 증강시키기 위한 것입니다. 이 3종 테스트는 그 이름에 따라서 각각의 다른 역할을 하게 합니다.

백지테스트 - 해당 단원의 수학개념과 공식을 얼마나 잘 이해하고 있는가에 대한 테스트

주간테스트 - 첫째 주 동안 얼마나 잘 따라왔는가에 대한 테스트

책통과테스트 - 책을 끝내도 될 것인가에 대한 종합적인 테스트

김샘3종 테스트의 숨어있는 의도

김샘3종 테스트에는 아이들이 얼마나 잘 배우고 있는가를 평가하는 목적과 함께 또 다른 의도가 숨어 있습니다. 이건 일종의 반전입니다.

학교를 생각해 봅시다. 학교 교실에서는 보통 서른 여명의 아이들이 모여서 공부합니다. 아이들의 실력도 천차만별입니다. 전교 1, 2등에서 꼴찌까지 모여 있을 지도 모릅니다. 이런 다양한 아이들 모두를 동일한 성취도가 나오도록 가르치는 것은 사실 불가능합니다. 어떤 아이들에게는 선생님의 설명이 너무 쉽지만, 다른 아이들에게는 너무 어려울 수 있습니다. 같은 수업을 하였지만 성취도는 아이들에 따라 편차가 심합니다. 학교의 교실에서는 그것이 정상입니다.

하지만 우리 같은 학원을 생각해 보십시오. 한 반의 인원수가 그렇게 많지도 않습니다. 기껏해야 열 명 정도입니다. 그리고 우리 같은 학원은 입학시험을 쳐서 레벨이 비슷한 아이들끼리 모으기 때문에 반 아이들의 수준도 비슷비슷합니다.

자, 이런 아이들을 모아놓고 수업을 합니다. 제대로 수업 했다면 아이들의 성취도는 비슷하게 나와야 합니다. 그것이 정상입니다. 그런데 만약 주간테스트를 쳤더니 10점 만점에 5점 이하로 나왔다고 합시다. 보통은 아이들을 다그칠 것입니다.

"너 공부 안 할래?"

하지만 김샘에서는 그렇게 해서는 안 된다고 생각합니다. 주간테스트의 성취도가 50%이라하면 그것은 아이들 잘못이 아니라 선생님이 잘못 가르쳤거나 아예 반 편성이 잘못된 탓일 테니까요.

따라서, 김샘3종테스트의 대상은 우리 아이들임과 동시에 선생님입니다. 아이들의 테스트 성적은 바로 선생님이 얼마나 잘 가르쳤느냐를 판단하는 기준이 됩니다.

백지테스트 ;

우리가 안다고 생각하는 것을 의심하라!

백지테스트는 김샘 3종 테스트 중에서 가장 중요하고도 핵심이 되는 테스트입니다. 왜냐하면 수학 잘 하는 습관에서 가장 핵심이 되는, 수학 개념을 아는지 모르는지에 대한 테스트이기 때문입니다.

그런데 여기서 우리는, '안다'는 개념에 대해서 분명히 짚고 넘어가야 할 것이 있습니다.

"이해한다."

"대충 안다."

"전체적으로 안다."

"대략 안다."

"이름 들어봤다."

위 표현 중에서 '안다'의 뜻을 가지고 있는 것은? 아무 것도 없습니다. 다 모르는 것입니다. 적어도, '이해하는 것'과 '대충 알겠는 것', '들어본 것' 같은 표현들은 수학문제를 풀 때 아무런 도움이 되지 않습니다.

그런데 우리들은 '안다'는 것을 '이해한다'는 것과 동일시하는 경향이 있습니다. 누군가의 설명을 들을 때, 혹은 책을 읽을 때 무슨 말인지 이해하는 것을 '안다'라고 표현합니다. 그러니 대충 아는 것도, 어렴풋이 아는 것도 모두 안다고 '착각'하는 것입니다. 하지만 대충 아는 것, 어렴풋이 아는 것, 이해하는 것은 확실히 '모르는 것'입니다. 심지어 '전혀 모르는 것'과 별 차이가 없습니다.

그럼 '안다'는 것은 무엇을 의미하는 것일까요?

우리가 어떤 것을 '안다'라고 말할 수 있으려면 그것을 자신의 말로 남한테 설명해줄 수 있을 때입니다. 그것도 쉬운 말로 설명해 줄 수 있어야 합니다. 주워들은 어려운 단어로 얼버무려서는 안 됩니다. '예(例)'도 들어줄 수 있어야 하고, 질문에도 대답해 줄 수 있어야 진정으로 아는 것입니다.

남을 '쉽게' 가르칠 수 있어야 진정으로 아는 것입니다.

실제로, 내가 초등학교 때부터 대학교 때까지 배웠던 지식보다, 단 1년 동안 남을 가르치면서 정리한 지식이 더욱 명료하고 체계적이었음을 느꼈습니다. 나조차도 정리가 되어있지 않고 이해되지 않는 내용을 남에게 가르친다는 것은 완전 사기입니다.

100권이 넘는 자기계발서와 여러 분야의 책을 쓴 공병호 박사는 책을 읽을 때 아예 자신이 새로 책을 쓸 작정을 하고 읽는다고 합니다. 그러니 허투루 읽지 않고 스스로 정리하고, 전체적인 구조와 핵심적이고도 구체적인 내용을 자신의 언어로 표현하면서 읽습니다. 그러니 어떤 책을 읽든 완전히 자신의 지식(앎)으로 소화할 수 있게 되는 것이죠. 그렇게 되어야 비로소 "안다"고

할 수 있는 것입니다.

그러니, 수학을 공부할 때 이렇게 생각하십시오. 내가 가르쳐야 할 아이가 있다고 말입니다. 그 아이는 차근차근 쉬운 단어로 설명해야 이해할 수 있는 수준입니다. 그러므로 최대한 알기 쉽게 가르쳐야 합니다. '대충 아는 것'으로, '이해한 것'으로는 아마 불가능할 것입니다.
가르쳐야 할 내용을 스스로 완벽하게 이해해야 하는 것은 물론, 완전히 자신의 것이 되도록 외우고 익혀야 합니다. 보지 않고 내용을 설명하고 요약해 줄 수 있도록 실제로 써보아야 합니다. 설명의 기승전결이 자연스럽도록 순서도 끊임없이 조정해야 합니다. 질문을 받으면 알기 쉬운 단어로 차근차근 설명도 해 줄 수 있어야 합니다.

그 수준에 이르러야 비로소 우리는 스스로 '안다'고 할 수 있습니다. 그렇게 할 수 있는가를 점검하는 것이 바로 '백지테스트'입니다.

백지테스트 - 메타인지력의 강화

연구에 의하면, 공부 잘 하는 아이들의 공통점이 메타인지력이 높다는 것입니다. '메타인지력'이란 무엇일까요? 무슨 '메가파워'같은 우주의 악당을 무찌르는 힘일까요?
아주대학교 심리학과 김경일 교수에 의하면, '메타인지란 자신의 인지적 활동에 대한 지식과 조절을 의미하는 것으로 내가 무엇을 알고 모르는지에 대해 아는 것'이라고 합니다. 거기서 더 나아가서 '자신이 모르는 부분을 보완하기 위한 계획과 그 계획의 실행과정을 평가하는 것'까지 포함합니다. 김경일 교수는 강조하기를, '메타인지력이 뛰어난 사람들은 자신의 사고 과정 전반에 대한 이해와 평가가 가능하기 때문에 배우는 과정에서 어떠한 구체적 활동과 능력이 필요한지를 알고, 이에 기초해서 효과적인 전략을 선택하여 적절히 사용할 수 있다'고 설명합니다.

메타인지를 쉽게 요약하면,

① 자신이 알고 있는가 모르고 있는가를 객관적으로 파악하고 있으며
② 모르고 있는 부분을 어떻게 하면 잘 알 수 있을까를 고민하고
③ 그 방법 중 가장 효과적인 방법을 선택, 실행하고
④ 이후 자신이 얼마나 알게 되었는지를 평가하는 능력입니다.

이 메타인지력을 기르는 가장 좋은 훈련이 '선생님 놀이'라고 합니다. 즉, 공부한 내용을 다른 사람에게 설명해 보는 것이 가장 효과적인 방법이라고 할 수 있죠. 백지테스트는 그 이름 그대로 백지에다 자신이 익힌 개념을 마치 다른 사람에게 설명하듯 써야 합니다. 그러므로 백지테스트는 '메타인지력'을 기르는 아주 강력하고도 효과적인 방법입니다.

김샘아카이브 ;
오답정리도 전략이다!

김샘학원에서는 아카이브Archive라는 이름의 오답노트가 있습니다. 이 아카이브에는 숙제하다가 틀린 오답, 3종 테스트에 나온 오답을 모조리 다 정리하도록 되어 있습니다. 수업 시간에 친 시험지도 모두 아카이브에 부착을 해야 합니다.

그러니 보통 한 달 정도가 지나면 아카이브 노트가 아주 두꺼워집니다. 거기에는 아이들의 틀렸던 문제와 시험지가 고스란히 보관되어 있습니다. 그리고 선생님들의 자상하거나 따끔한 멘트가 적혀 있기도 합니다.

물론, 아카이브를 아주 잘 적는 아이들도 있지만, 그러지 못하는 아이들도 있습니다. 잘 적는 아이들은 잘 적는 아이들대로, 못 적는 아이들은 못 적는 아이들대로 그 의미가 있습니다.

다만, 아카이브를 적는 것 자체가 목적이 되어서는 안 됩니다. 아카이브를 잘 하는 것과 수학을 잘 하는 것은 별개이기 때문입니다. 더 중요한 목적은 아카이브를 통해 스스로의 약점과 부족한 부분을 보완해 나가는 것입니다.

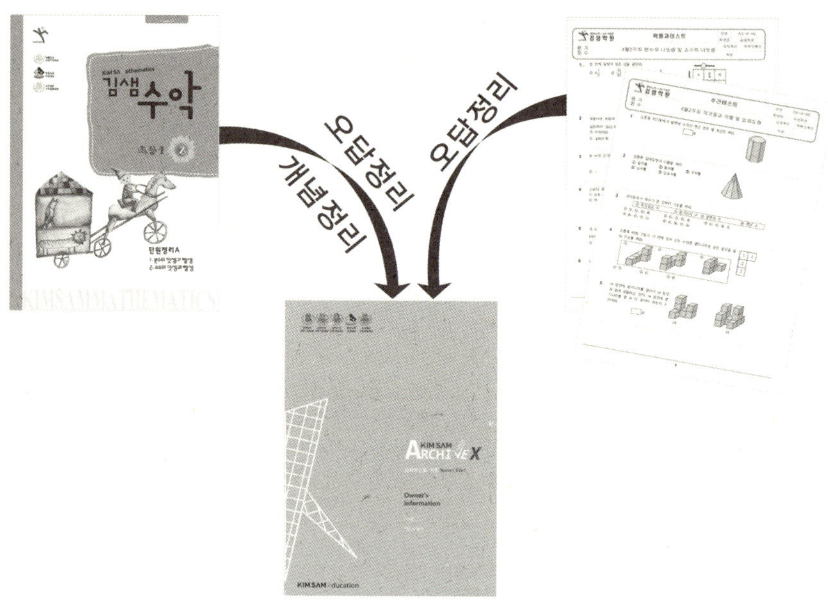

두꺼워진 아카이브 노트

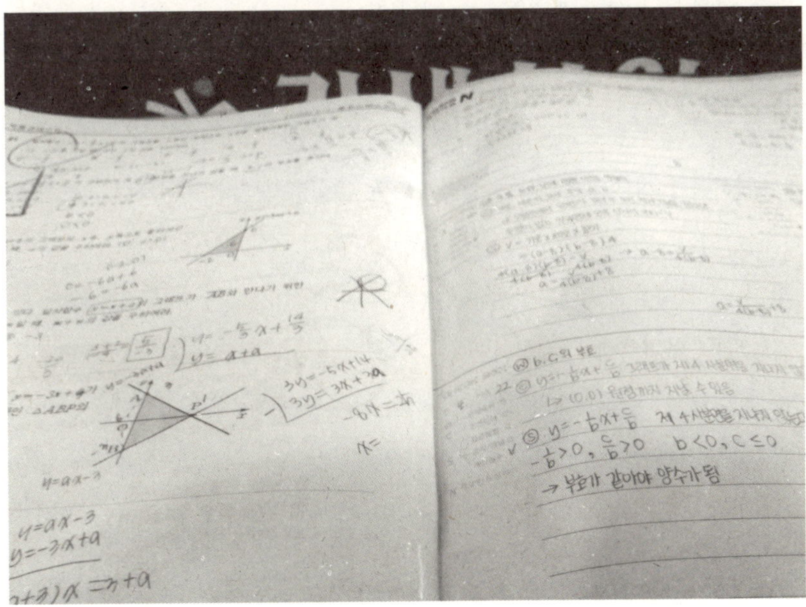

발문·발표식 수업 ;

강사가 아니라 아이들이 떠들게 하기

단과학원이나 EBS프로그램의 유명강사들의 강의를 본 적이 있나요? 참 멋들어지게 강의합니다. 카리스마, 유머, 전달력, 핵심정리, 암기비법전수… 그 어느 것 하나 부족하지 않은 것 같습니다. 그 분들의 강의를 보고 있노라면 마치, 그 과목 시험에서 만점을 받을 것 같은 착각을 불러일으킵니다. 그런데 그건 정말 착각입니다. 그 분들의 강의를 듣는 것으로 우리의 실력은 나아지지 않습니다. 나아지는 것은 그 강사들의 실력과 우리의 근자감(근거 없는 자신감) 뿐입니다. 앞에서 말했던 것처럼 우리가 따로 공부해야 하는 시간이 반드시 있어야 하기 때문입니다.

우리 김샘에서는 선생님 혼자만 멋지게 강의하는 것은 '나쁜 강의'라고 규정합니다. 멋진 강의를 원한다면 차라리 집에서 '인강(인터넷 강의)'을 듣는 것이 훨씬 나을 테니까요. 좋은 강의란 선생님이 아니라 아이들이 끊임없이 떠들어야 하는 강의입니다. 차라리 선생님은 한 마디 안 하더라도 괜찮습니다. 아이들이 열심히 생각하고, 풀어보고, 발표해보고, 틀려서 고쳐보는 수업이 '좋은 수업'입니다.

교실에서 선생님들은 아이들에게 끊임없이 질문함으로써, 아이들 스스로 발표하고, 토론하도록 합니다.

"구하는 것이 뭐지?

"지금 이 문제에서 묻고 있는 것이 무엇이니?"

"여기서 공식을 말해 보거라."

"그 공식에서 가장 중요한 핵심은 무엇이냐?"

"여기서 중요한 것은 우리의 가장 기본적인 논리다. 그것이 무엇일까?"

…

선생님은 끊임없이 질문하고, 아이들은 끊임없이 중얼거려야 합니다. 그러한 수업방식을 우리 김샘에서는 '발문발표식 수업'이라고 합니다. 앞에서 설명했던 5단계풀이법이 교실현장에서 언어적으로 실현되는 것이라고 할 수 있습니다.

KON으로 숙제하기 ;

스스로 정리하고 조정하기 연습

장면 1

학원이나 학교에서 수학 숙제를 받아온 우리의 착실한 A양은 열심히 숙제를
합니다. 답은 알 수가 없습니다. 답안지가 없기 때문이죠. 자기가 푼 문제가
맞는지 틀리는지 모른 채 그냥 '숙제 다 했다!'라며 좋아라 합니다.(물론 어
려운 문제 한두 개는 풀지 않습니다. 너무 어려워서 선생님께 물어볼 예정이
랍니다. 선생님은 애교로 봐줄 테니까 걱정 없습니다.) 다음 수학 수업이 있
는 날 자신 있게 숙제 검사를 받습니다. 선생님이 답을 불러줍니다. 채점합
니다. 틀린 건 틀리고 맞는 건 맞습니다. 그런데 문제는 자신이 이걸 어떻게
풀었는지 기억이 안 난다는 것입니다.

장면 **2**

학원이나 학교에서 수학 숙제를 받아온 우리의 착실하지 않은 B군은 숙제를 하지 않습니다. 그 다음 수학수업이 있는 날 약간 일찍 옵니다. 인간관계가 유난히 좋은 B군은 친구의 숙제를 보고 베낍니다. 물론 실제로 푼 것처럼 풀이도 휘갈겨 적습니다.(이 분야에서 있어서는 거의 달인입니다.) 선생님의 숙제검사를 무난히 통과합니다. 대단합니다.

장면 **3**

소심한 C양은 숙제 중에서 1번, 3번, 5번을 맞추고, 2번, 4번, 6번을 틀렸습니다. 숙제 검사를 다 마친 선생님은 1번, 3번, 5번을 풀어주고 있습니다. 우리의 소심한 C양은 자신이 틀린 문제를 풀어 달라고 말하지 못합니다. 다 아는 문제 설명만 듣고 옵니다. 여전히 2번, 4번, 6번은 모른채.

장면 **4**

뺀질하신 D군의 숙제를 검사하던 엄마는 화를 냅니다. 숙제 중에서 반 정도의 문제를 풀지 않고 비워두었기 때문입니다. 엄마가 야단하자 뺀질하신 D군은 도저히 못 풀겠다고 하면서 엄마에게 질문합니다. 엄마도 못 풉니다. 아빠한테 물어봅니다. 아빠도 못 풉니다. 아빠는 "이렇게 어려운 수학문제는 필요없어!"라고 버럭 소리를 지르십니다. 엄마는 "요즘 수학문제는 이 정도로 어려우니 모르면 가만히 있으라"고 소리 지르십니다. 뺀질하신 D군은 엄마와 아빠와의 말다툼을 뒤로 한 채 유유히 사라집니다.

앞의 사례들은 숙제와 관련해서 흔히 보게 되는 장면들입니다. 수학 숙제는 아이와 선생님과의, 아이와 부모와의, 엄마와 아빠와의 불화를 일으키는 주범입니다. 숙제관리가 제대로 안 돼 학원을 끊기도 합니다. 수학 숙제가 너무 적어도 문제고, 너무 많아도 문제입니다.

우리 김샘학원에서도 숙제를 놓고 고민한 것은 당연합니다. 해결책은 수학 선생님이 직접, 개별적으로 수학 숙제를 관리해 주어야 하는 것뿐이었습니다. 하지만 선생님의 시간적, 물리적 능력에 한계가 있을 수밖에 없죠. 그래서 개발된 것이 바로 KON입니다.

KON은 'KIMSAM Online'의 약자입니다. 김샘학원의 온라인 시스템이라는 뜻이죠. 온라인 시스템이라면 말 그대로 컴퓨터로 수학을 공부할 수 있다는 의미입니다. 다만 여기서는 컴퓨터를 켜두고 공부하는 것을 의미하지는 않습니다. 우리의 평범한 지구 아이들은 컴퓨터로 할 수 있는 오만 가지의 재미있는 것을 알고 있기 때문입니다. 대신, 컴퓨터 사용은 최소한으로 하면서 강력하게 아이들의 숙제를 관리할 수 있습니다. 그 과정을 잠깐 살펴보겠습니다.

선생님이 수업시간 마칠 때 숙제를 부과합니다. 아이들은 집에 와서 선생님이 내주신 숙제를 합니다. 문제를 다 풀고 난 다음(KON이 없으면 여기서 숙제가 끝납니다.), KON시스템으로 접속해서 답을 입력합니다. 당연히, 틀림과 맞음에 대한 피드백이 바로 나옵니다. 그리고 틀린 문제에 대한 오답설명이 바로 이어지게 됩니다. 아이들은 그 오답설명을 들으면서 자신의 풀이를 수정해 나가야 합니다. 즉, 가정에서 아이는 숙제는 물론이고, 숙제를 채점하고 오답까지 정리해야 합니다. 그 과정을 선생님은 KON시스템을 통해서 모두 들여다보고 있습니다.(무섭습니다!) 우리의 부모님은 단지 아이들이 건전하게 컴퓨터를 사용하는지만 점검해주시면 됩니다.

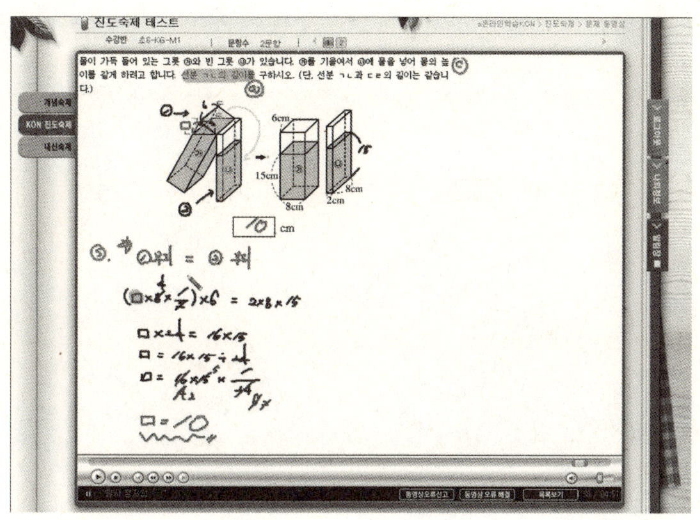

오답설명을 하는 KON화면

물론 KON이 숙제만을 돕는 기능만 있는 것은 아닙니다. KON은 현재의 교육전문가들이 구체화하는 선진 교육기법들을 충분히 구현할 수 있습니다.

교실과 가정의 유기적 연결을 가능하게 하는 KON

아이들이 수학을 습관적으로 공부하기 위해서는 교실과 가정의 학습 시스템이 유기적으로 연결되어 작용해야 합니다. KON은 그것을 가능하게 하는 허브hub역할을 할 수 있습니다. 즉, KON은 선생님을 도와주는 보조 교사인 동시에, 아이들의 학습을 돕고 관리하는 가정교사의 역할을 하게 되는 것입니다.

KON은 교무실에 있는 선생님이 아이들에게 숙제를 부과할 수 있도록 도와
주면서 동시에 가정에 있는 아이들이 숙제를 충실히 하는지를 관리하고, 숙
제의 오답을 설명해 줍니다.

교실에서 김샘 3종 테스트가 원활히 이루어지도록 도와주면서 가정에서 아
이들이 테스트의 오답을 확인하고 정리할 수 있도록 돕습니다. 결국 KON은
수학학습에 있어서, 선생님과 아이들을 연결하는 가장 강력하고도 효율적인
의사소통 수단이 됩니다.

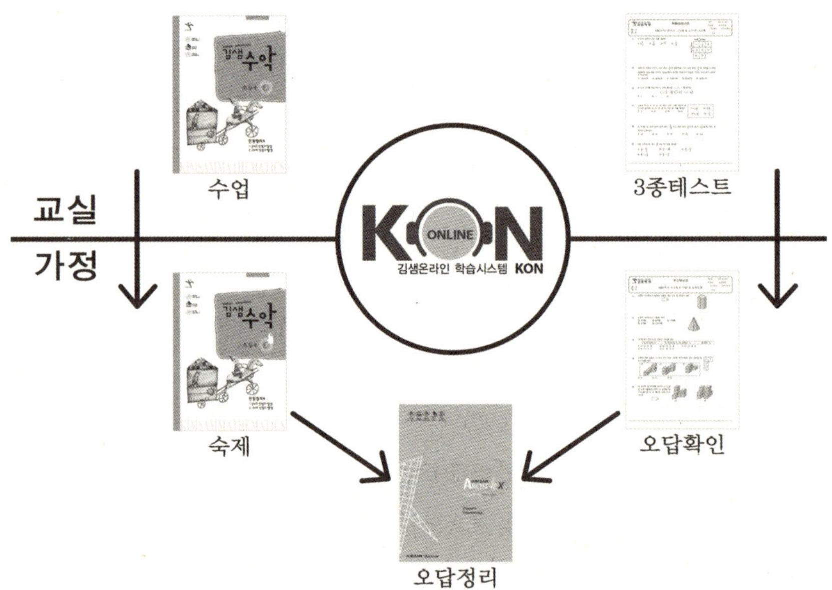

KON을 이용한 플립러닝 수업

네이버 지식백과에 따르면 '플립러닝flipped learning'이란 기존 전통적인 수업 방식과는 정반대로, 수업에 앞서 학생들이 교수가 제공한 강연 영상을 미리 학습하고, 강의실에서는 토론이나 과제 풀이를 진행하는 형태의 수업 방식을 말합니다. 우리나라의 경우 카이스트KAIST, 울산과기대UNIST, 서울대가 이 방식을 도입해 시행하고 있다고 합니다. 그 학습효과가 전통적인 방식에 비해 월등하다는 의견이 지배적입니다.

김샘의 수학수업에서도 이러한 수업이 가능하며 실제로 이루어지고 있습니다. 아이들로 하여금 KON에 있는 개념 동영상을 미리 보고 오도록 하고, 교실에서는 그 내용에 대해 토론하고 '백지테스트'와 오럴oral 테스트를 치는 방식입니다. 시간을 절약할 수 있고, 아이들이 능동적으로 개념을 공부할 수 있다는 것이 가장 큰 장점입니다. 즉, 수동적인 리스너listener에서 벗어나서 주도적으로 익히고 연습할 수 있도록 합니다. 그렇게 절약된 시간을 더욱 더 많은 토론과 연습시간으로 활용할 수 있습니다. 따라서 더욱 효과적인 '발문 발표식 수업'이 가능합니다.

새로운 패러다임의 수학교육

현재 김샘에서는 새로운 시도를 하고 있습니다. 그것은 전통적인 강의식 수업과는 다른 새로운 패러다임의 수학교육 방식입니다. 지금까지 내가 이 책에서 일관되게 주장해왔던 '수학 잘하는 습관'의 이론과도 정확히 일치하는 방법입니다.

아이에게 가장 적합한 수학 학습 플랜을 잡고, 아이에게 가장 적합한 레벨의 교재를 선정하고, 아이가 소화할 수 있는 분량과 속도로 개별 관리합니다. 선생님이 일방적으로 강의하는 것이 아니라 아이가 스스로 KON을 통해 훈련합니다. 우리 김샘에서 수학수업을 듣는 것 자체가 하나의 '공부'나 '훈련'이 되게 하는 시스템입니다. 따라서 김샘에서 보낸 '수업시간' 그대로 아이의 '공부시간'이 됩니다.

집에서는 수학숙제 때문에 엄마와 다툴 필요가 없습니다. 아이는 모든 테스트와 숙제를 학원에서 다 해결하고 가기 때문입니다. 김샘에서 수학을 충분히 훈련하고 갔기 때문에, 집에서는 수학보다는 영어, 책읽기에 집중할 수 있습니다.

개인별 최적화된 수학수업

Individually Optimized Math Class

전통적인 학원이 가지고 있는 문제점을 극복하면서(일방적인 강의, 진도문제, 일대다 강의 방식 등), 과외나 공부방의 취약점(취약한 콘텐츠, 비전문적인 교수법)을 보완하는, 두 시스템의 강점만을 취합한 방식을 우리는 '개인별로 최적화된 수학수업Individually Optimized Math Class'이라고 부릅니다.

모든 것을 아이의 수학 레벨, 수학학습 목적, 현재의 수학 진도, 시간, 성격, 학습습관에 맞춥니다. 따라서 입학 전 상담이 상당히 중요합니다. 이를 통하여 수년간의 수학커리큘럼을 구성하는데 이것은 아이마다 다릅니다. 수학커리큘럼이 구성되면 수학교재를 설정하고, 일주일에 몇 번 수업 할지를 결정합니다. 이것도 아이들마다 다릅니다.

기존의 학원이 학원 시간과 시스템, 커리큘럼에 맞추라고 했다면, 이 시스템은 반대로 모든 것을 아이에게 맞추는 시스템입니다.

교실에서 아이들은 매일 매일 자신이 해야 하는 '학습량'을 스스로 설정하고 그에 따라 공부합니다.(자신이 정했으므로 진짜 열심히 합니다.) KON을 통해서 스스로 학습하고 '백지 테스트'를 칩니다. 물론 테스트에 통과하지 못하면 다시 공부해서 재시에 응시해야 합니다. 개념 공부를 한 후 정해진 분량의 문제를 풀고, 테스트를 칩니다. 테스트에 통과하면 귀가하고, 통과하지 못하면 다시 공부하고 재시를 칩니다.(귀가 시간도 다릅니다.)

수학성적 향상 + 자기주도학습력 + 집중력

이 수업을 경험한 아이들은 하나같이 수학성적이 상승했습니다. 하지만 그것이 다가 아닙니다. 부모님들이 궁극적으로 원하는 자기주도학습능력이 늘어난 것을 알 수가 있었습니다. 이 시스템으로 공부한 아이들의 변화가 가정에까지 이어진다는 부모님들의 '증언'을 많이 듣고 있기 때문입니다.

한 번 오면 보통 세 시간을 공부하게 되는데, 아이들은 시간이 어떻게 갔는지 모르겠다고 말합니다. 바로 집중력이 향상되었다는 것이고, '몰입'을 경험했다는 것입니다. 이 부분이 상당히 중요합니다. 수학공부를 하면서 '몰입'을 경험했다면 이미 '게임 끝!'입니다. 수학공부 중에 '도파민'이 생성되었을 것이기 때문입니다. 뇌는 도파민을 더 얻기 위해서 같은 행동을 반복하고자 합니다. 그리고 더 어려운 것에 도전하게 될 것입니다. 아이들은 수학의 재미를 느끼고는 더 많이 공부하려고 할 것입니다. 우리 부모님들이 꿈에서나 그리던 우리 아이들의 모습이 아닙니까!

이 현상은 수학공부로 끝나지 않을 것입니다. '나도 하면 되는구나!'하는 성공의 습관은 전체 학습으로 이어질 것입니다. 그리고 궁극적으로, 아이의 삶 전체로 확대될 것입니다. 실로 엄친아의 현현(顯現)이라 할 수 있습니다!

실패하는 습관도 중요합니다.

이 책을 모두 읽었다고 단번에 수학을 잘 할 수는 없을 것입니다. 여전히 수학은 어렵고 힘든 공부입니다. 여전히 성적은 오르지 않고, 오답은 더 많아지는 것 같고, 학년이 올라가면 올라갈수록 내용은 점점 더 어려워질 것입니다.

나는 이 책에서 절대 수학이 쉬워질 것이라고 말하지 않았습니다. 수학에서 도망치지 말라고 했던 것은 수학이 쉽기 때문이 아니라 여전히 어렵기 때문입니다. 쉬운 싸움은 맞설 가치가 없습니다.

수학은 여전히 여러분들을 실패의 구렁텅이로 몰아넣을지도 모릅니다. 도저히 이해 안 되는 내용, 시작조차 할 수 없는 문제들이 수두룩할 것입니다.

수학과의 싸움에서 중요한 것은 '어떻게 이기는가' 보다 '어떻게 실패하는가' 입니다. 실패에 대처하는 방법을 배우는 것이 이기는 방법을 아는 것 보다 더 중요합니다.

그런데 우리 부모님들은 혹시 우리 '아이들에게 실패를 절대 해서는 안 된다'고 가르치지는 않는지요. 실패하지 않는 것보다 더 중요한 것은 실패했을지라도 멈추지 않는 것입니다. 포기하지 않는 것입니다.

우리 아이들은 불행히도, 성공하지 못하면 가치가 없다고 생각합니다. 늘 이겨야 하고, 늘 앞서 나가야 한다고 배웁니다. 그러니 졌을 때, 실패했을 때 건강하게 대처하는 방법을 배우지 못합니다. 그것은 부모도 마찬가지입니다. 문제는, 우리가 살아가면서 성공보다는 실패를 더 많이 경험하게 될 것이라는 사실입니다.

아이들은 실패를 통해서 성장합니다.
지는 것을 통해 이기는 것을 배웁니다.

지금 아이들이 실패를 경험하고 있다면 우리 부모님은 환영해주고 격려해주셔야 합니다. 절대 비난하거나, 분노하거나, 같이 낙담하지 마십시오. 아이들이 그 실패를 통해 건강하게 성장할 수 있도록, 스스로 대안을 찾아서 마침내 이길 수 있도록 기다려 주시기 바랍니다.

조급함이 승리를 가져다주지 않습니다. 비난과 원망, 분노 또한 마찬가지입니다. 승리는 철저히 스스로를 다져나가는 훈련과 미련하도록 꾸준한 연습이 바탕이 되어야 합니다. 전략은 그 다음 문제입니다.

수학은 얄밉도록 정직한 과목입니다. 우리의 삶이 그렇듯이.

저자